Fonologia na perspectiva dos Modelos de Exemplares

Para além do dualismo *natureza/cultura* na ciência linguística

Conselho Acadêmico
Ataliba Teixeira de Castilho
Carlos Eduardo Lins da Silva
José Luiz Fiorin
Magda Soares
Pedro Paulo Funari
Rosângela Doin de Almeida
Tania Regina de Luca

Proibida a reprodução total ou parcial em qualquer mídia
sem a autorização escrita da editora.
Os infratores estão sujeitos às penas da lei.

A Editora não é responsável pelo conteúdo dos capítulos deste livro.
A Organizadora e os Autores conhecem os fatos narrados, pelos quais são responsáveis,
assim como se responsabilizam pelos juízos emitidos.

Consulte nosso catálogo completo e últimos lançamentos em **www.editoracontexto.com.br**.

Christina Abreu Gomes
(org.)

Fonologia na perspectiva dos Modelos de Exemplares

Para além do dualismo *natureza/cultura* na ciência linguística

Copyright © 2020 da Organizadora

Todos os direitos desta edição reservados à
Editora Contexto (Editora Pinsky Ltda.)

Montagem de capa e diagramação
Gustavo S. Vilas Boas

Preparação de textos
Lilian Aquino

Revisão
Daniela Marini Iwamoto

Dados Internacionais de Catalogação na Publicação (CIP)

Fonologia na perspectiva dos modelos de exemplares :
para além do dualismo natureza/cultura na ciência linguística /
Thaïs Cristófaro Silva...[et al] ; organizado por
Christina Abreu Gomes. – São Paulo : Contexto, 2020.
192 p.

Bibliografia
ISBN 978-85-520-0183-6

1. Fonologia – Língua portuguesa 2. Linguística I. Silva, Thaïs
Cristófaro II. Gomes, Christina Abreu

20-1314   CDD 414

Angélica Ilacqua CRB-8/7057

Índices para catálogo sistemático:
1. Fonologia

2020

EDITORA CONTEXTO
Diretor editorial: *Jaime Pinsky*

Rua Dr. José Elias, 520 – Alto da Lapa
05083-030 – São Paulo – SP
PABX: (11) 3832 5838
contexto@editoracontexto.com.br
www.editoracontexto.com.br

Sumário

APRESENTAÇÃO..7

FONOLOGIA NA PERSPECTIVA DOS MODELOS DE EXEMPLARES..........................13
Thaïs Cristófaro Silva e *Christina Abreu Gomes*

AQUISIÇÃO FONOLÓGICA NA PERSPECTIVA
DOS MODELOS DE EXEMPLARES...37
Christina Abreu Gomes e *Suzana Mendes Nery*

CONHECIMENTO FONOLÓGICO EM CRIANÇAS COM DISLEXIA.................57
Clara Esteves

CONHECIMENTO FONOLÓGICO EM SITUAÇÃO DE LESÃO
CEREBRAL ADQUIRIDA:
A ACURÁCIA DE REPETIÇÃO DE PSEUDOPALAVRAS EM AFÁSICOS.................81
Fernanda Duarte Senna

O ALÇAMENTO DE VOGAL MÉDIA ANTERIOR PRETÔNICA:
MODELO DE REDES...103
Liliane Pereira Barbosa

AQUISIÇÃO FONOLÓGICA EM CRIANÇAS FALANTES TARDIOS:
ESTUDO DE CASO...125
Marcela Branco Silva

MEDIDAS DE AVALIAÇÃO DO DESENVOLVIMENTO
DO CONHECIMENTO FONOLÓGICO...143
Suzana Mendes Nery

VARIAÇÃO DA CODA (R) EM INTERIOR DE PALAVRA NA COMUNIDADE
DE FALA DO RIO DE JANEIRO: ASPECTOS GRADIENTES.................157
Christina Abreu Gomes, Manuella Carnaval e *Marcelo Melo*

BIBLIOGRAFIA...177

OS AUTORES...189

Apresentação

Este livro tem por objetivo divulgar estudos que tratam de aspectos do conhecimento linguístico dos falantes relativos à maneira como organizam as informações sonoras da(s) língua(s) que adquiriram, com base em dados, especificamente, de falantes do português brasileiro. Essa área de estudos recebe o nome, na ciência linguística, de Fonologia. As informações sonoras que fazem parte do conhecimento linguístico internalizado dizem respeito a: a) como são representadas as formas sonoras das palavras que são adquiridas ao longo da vida; b) de que maneira a forma representada se relaciona com os usos efetivamente observados na fala; c) qual a unidade de representação, entre outros aspectos. Essas questões também se colocam no entendimento do comportamento de falantes de grupos clínicos, tais como crianças com desenvolvimento atípico e adultos afásicos. Portanto, a comparação entre os referidos falantes e os demais impulsiona o conhecimento sobre a linguagem humana, com contribuições para a ciência linguística, para o ensino de língua e para a clínica fonoaudiológica.

A natureza do conhecimento fonológico tem sido objeto da Linguística desde a primeira corrente de pensamento, o Estruturalismo, no início do século xx. A abordagem apresentada neste livro – a dos Modelos de Exemplares ou Modelos Baseados no Uso – vem se delineando desde o final do último quarto do século xx e alcançou, no século xxi, um vasto conjunto de áreas de estudos, as quais têm procurado estabelecer a relação entre os pressupostos dos Modelos de Exemplares e as evidências encontradas na aquisição de língua materna, na aquisição de segunda língua, no processamento linguístico, na variação e mudança linguística, conforme abordadas na Sociolinguística, e tendo como base tanto dados de produção quanto de percepção.

Os Modelos de Exemplares se circunscrevem em uma perspectiva teórica que supera o dualismo *nature* (determinado biologicamente) x *nurture* (determinado social e culturalmente), buscando integrar aspectos biológicos e da experiência do falante com a língua. De acordo com essa abordagem, a estrutura linguística emerge da interação entre capacidades cognitivas gerais inatas e a experiência do indivíduo com a língua, sem determinar um conhecimento inato especificamente linguístico, como no modelo gerativista. Ainda, as línguas humanas se caracterizam por apresentar estrutura e regularidade de padrões, ao mesmo tempo em que também se mostram altamente variáveis e dinâmicas em todos os níveis linguísticos. Assim sendo, os Modelos de Exemplares vêm buscando integrar aspectos gradientes e discretos que são observados na produção e na percepção, visando compreender como os falantes adquirem uma língua, como a organizam em sua mente/cérebro, como a usam e como processam as informações linguísticas, considerando mecanismos cognitivos gerais inatos e os diferentes aspectos da experiência com o uso. Os postulados dos Modelos de Exemplares permitem, então, situar a linguagem humana como um *sistema adaptativo complexo* (Hopper, 1987; Ellis e Larsen-Freeman, 2006; Bybee, 2015: 262-263), uma vez que a estrutura se desenvolve sem que haja um plano ou modelo prévio e os agentes, no caso, os falantes, atuam no sistema, porque possuem objetivos semelhantes (Tomasello et al., 2005) e utilizam os mesmos mecanismos ou as mesmas capacidades para a linguagem, que envolvem um aparato articulatório universal, propriedades inatas da cognição humana e cognição social.

Os dois primeiros capítulos apresentam as bases gerais dos Modelos de Exemplares relacionadas, respectivamente, à modelagem e à aquisição do conhecimento fonológico. O primeiro capítulo, intitulado "Fonologia na perspectiva dos Modelos de Exemplares", de Thaïs Cristófaro Silva e Christina Abreu Gomes, apresenta os fundamentos do modelo, relativos à representação das informações sonoras gradientes, à emergência e ao estabelecimento de abstrações e ao papel da experiência do falante, em função dos efeitos de frequência de ocorrência e frequência de tipo na organização do conhecimento fonológico. O segundo capítulo, "Aquisição fonológica na perspectiva dos Modelos de Exemplares", de Christina Abreu Gomes e Suzana Mendes Nery, traz evidências de estudos que buscam responder a questões relativas a: a) como se desenvolve o conhecimento sobre a organização sonora das línguas na ausência de um conhecimento inato especificamente linguístico; b) qual a natureza da representação das formas sonoras dos itens lexicais que as crianças estão adquirindo; c) qual o papel da experiência com a língua; e d) como emergem as abstrações.

Os capítulos subsequentes trazem evidências de estudos com crianças e adultos de grupos clínicos e falantes típicos sobre a emergência das abstrações e a organização em redes. Há também um estudo sobre variação sociolinguística, considerando o detalhe fonético. O conjunto amplo de temas abordados demonstra a abrangência do Modelo no tratamento de aspectos de diferentes áreas da Linguística.

O terceiro capítulo, intitulado "Conhecimento fonológico em crianças com dislexia", de Clara Esteves, apresenta resultados de estudo que objetivou observar o conhecimento fonológico de crianças com diagnóstico de dislexia, buscando avaliar se de fato crianças desse grupo apresentam um déficit fonológico de representação da forma sonora das palavras no léxico, conforme referido na literatura sobre o tema. O comportamento observado é indicativo de que crianças com diagnóstico de dislexia e crianças com desenvolvimento típico, com o mesmo grau de desenvolvimento linguístico, não diferem quanto às habilidades de representação e generalização sobre as formas sonoras das palavras estocadas no léxico. O quarto capítulo, "Conhecimento fonológico em situação de lesão cerebral adquirida: a acurácia de repetição de pseudopalavras em afásicos", de Fernanda Duarte Senna, coloca em discussão a relação entre a dificuldade de acesso lexical, acentuada em indivíduos afásicos, e a possibilidade de um comprometimento do conhecimento fonológico do falante, já que, nas falhas de acesso lexical, as produções podem ser substituições que muitas vezes não preservam informações sonoras das palavras que os afásicos intentam produzir. Os resultados indicaram que a habilidade de abstrair padrões sonoros abstratos das palavras representadas no léxico está preservada para este grupo clínico. O capítulo seguinte, de Liliane Pereira Barbosa, intitulado "O alçamento de vogal média anterior pretônica: modelo de redes", apresenta uma modelagem em redes da organização morfofonológica do fenômeno de alçamento de vogais pretônicas de verbos do português brasileiro, como o verbo *parecer*, em ele(a) par[ɛ]ce/ eu par[e]ço, integrando, portanto, representação de formas verbais específicas em um modelo que se baseia em relações de semelhança sonora e semântica, da qual emergem generalizações morfológicas. O sexto capítulo, "Aquisição fonológica em crianças falantes tardios: estudo de caso", de Marcela Branco Silva, apresenta um estudo de caso de criança com diagnóstico de Atraso Simples da Linguagem com o objetivo de observar seu desenvolvimento fonológico. Os dados foram coletados longitudinalmente e são comparados aos de crianças com desenvolvimento típico com a mesma idade. O comportamento observado da criança é analisado com base nos pressupostos dos Modelos de Exemplares com vistas a identificar o tipo de conhecimento fonológico que é afetado em crianças com diagnóstico de Atraso Simples. O sétimo capítulo, "Medidas de avaliação do desenvolvimento do conhecimento fonológico", de Suzana Mendes Nery, compara a proposta desenvolvida por Esteves (2013) com a de Ingram (2002) para a mensuração da produção da criança em relação à forma da palavra-alvo, necessária para a avaliação do desenvolvimento da criança no estudo da aquisição fonológica. A avaliação das duas propostas se situa no âmbito dos pressupostos dos Modelos de Exemplares. A autora mostra as vantagens da adoção da primeira sobre a última com base em dados de crianças com implante coclear adquirindo o português brasileiro. Finalmente, o oitavo capítulo, de Christina Abreu Gomes, Manuella Carnaval e Marcelo Melo, intitulado "Variação da coda (r) em interior de palavra na comunidade de fala do Rio de Janeiro: aspectos gradientes", apresenta uma análise acústica de dados da variação do (r) em final de sílaba em interior de palavra, como em *cerveja ~ ceveja*. O estudo observa aspectos do detalhe fonético fino das produções de itens lexicais, classificados como contendo ou não a coda (r), com vistas a trazer contribuições para ampliar o entendimento sobre a variabilidade das produções linguísticas para além da percepção de oitiva do pesquisador. De acordo com os Modelos de Exemplares, a variabilidade presente na fala integra as representações das formas das palavras no léxico e constitui a base para a emergência de padrões sonoros abstratos.

O conjunto de conteúdos abordados nos capítulos deste livro tem caráter multidisciplinar, trazendo contribuições para ampliar o conhecimento sobre uma teoria fonológica atual de forma sistemática e através de sua aplicação em diversas áreas de estudos linguísticos. O livro é, portanto, direcionado ao público acadêmico e profissional das áreas de Linguística, Letras e Fonoaudiologia e também àqueles interessados na linguagem humana.

Fonologia na perspectiva dos Modelos de Exemplares

Thaïs Cristófaro Silva
Christina Abreu Gomes

Teorias fonológicas fornecem hipóteses sobre as representações mentais das palavras no léxico, unidades de representação, restrições de combinação das unidades fonológicas, sobre o mapeamento entre representações e as formas efetivamente produzidas pelos falantes, entre outros aspectos. Este capítulo tem por objetivo apresentar a perspectiva dos Modelos de Exemplares relativa à modelagem da organização sonora das línguas. A abordagem da Fonologia a partir dos pressupostos de Modelos de Exemplares postula que as representações das palavras no léxico são tanto discretas, contendo informação abstrata que compõe o item lexical, quanto empíricas, ou foneticamente detalhadas, contendo a gradualidade, isto é, o detalhe fonético presente na fala. O modelo também postula que o mapeamento entre as informações abstratas e as empíricas se dá de maneira dinâmica e contínua em vários níveis de representação, que são interligados entre si (Bybee, 2001, 2002, 2010; Pierrehumbert, 2003, 2016; Munson, Edwards e Beckman, 2005b).

Nos Modelos de Exemplares, o detalhe fonético pode estar relacionado a padrões de indexação social, de maneira que a representação detalhada captura aspectos da identidade sociolinguística do falante, como variedade dialetal, idade, sexo, gênero, classe social, etnia etc. (Pierrehumbert, 1994, 2006; Foulkes e Docherty, 2006; Gomes e Cristófaro Silva, 2004; Cristófaro Silva e Gomes, 2007, 2017). Essa formulação difere da visão tradicional adotada na Fonologia, segundo a qual as representações das formas sonoras das palavras no léxico são discretas e invariantes (representação única), e contêm apenas informação distintiva. Isso porque, na visão tradicional, os aspectos previsíveis da informação sonora, isto é, sem função distintiva, como alofones, por exemplo, não fazem parte da representação mental dos itens lexicais (Pike, 1947; Jakobson, 1967; Chomsky e Halle, 1968). Por exemplo, no português brasileiro (PB), a diferença de duração das vogais em função da posição prosódica que ocupam na palavra, mais longas em sílaba tônica que em sílaba átona, não tem função distintiva, e, assim, a duração da vogal não é contemplada na representação mental da forma sonora dos itens lexicais, tanto na abordagem estruturalista quanto na gerativista (Cristófaro Silva e Gomes, 2017). Por outro lado, na abordagem dos Modelos de Exemplares, a duração das vogais tônicas e átona no PB está presente nas representações mentais, sendo correlato do detalhe fonético relativo às vogais. A modelagem do conhecimento linguístico na perspectiva dos Modelos de Exemplares se baseia nas seguintes premissas:

a. o conhecimento linguístico é o resultado da interação entre aspectos inatos da cognição humana e a experiência com a língua (Tomasello, 2003; Bybee, 2010);

b. a linguagem é definida como um conjunto redundante de informações gradientes, que se caracterizam por apresentar uma distribuição probabilística (Bod, Hay e Jannedy, 2003);

c. abandono do dualismo *nature* x *nurture*, uma vez que a linguagem é um sistema cognitivo que precisa ser explicado em função de aspectos físicos, como os relativos à relação entre ressonâncias do tubo acústico e seu formato, e de capacidades específicas da espécie humana surgidas através da evolução (Pierrehumbert, Beckman e Ladd, 2000: 273-274);

d. a variabilidade observada em todos os níveis linguísticos é definida como central ao conhecimento linguístico, e não periférica (Pierrehumbert, 1994).

Problemas resultantes da postulação de representações detalhadas e redundantes, como o espaço de memória requerido, já foram suficientemente debatidos e superados (Bybee, 2001, 2010; Pierrehumbert, 2001a, 2002). O armazenamento de memória enriquecida (*rich memory storage*), que corresponde às representações detalhadas de palavras e sentenças, que incluem contextos de uso, significado e inferências associadas com enunciados, é um dos processos cognitivos de domínio geral que levam à emergência da estrutura linguística (Bybee, 2010: 6-7). A seção a seguir apresenta os principais fundamentos dos Modelos de Exemplares para a Fonologia: a representação em exemplares, as generalizações que geram diferentes tipos de abstrações e efeitos de frequência.

REPRESENTAÇÃO EM EXEMPLARES, EMERGÊNCIA DAS ABSTRAÇÕES E EFEITOS DE FREQUÊNCIA

Esta seção apresenta três aspectos da modelagem da Fonologia de acordo com os Modelos de Exemplares. A primeira subseção considera a natureza das representações em exemplares. A segunda subseção discute como se dá a emergência das abstrações e é seguida da subseção que avalia efeitos de frequência na modelagem gramatical.

A representação em exemplares

Modelos de Exemplares postulam que a representação das palavras no léxico contém detalhe fonético que agrega tanto informações articulatórias quanto acústicas, como duração dos segmentos e prosódia. A representação fonética detalhada permite também capturar a indexação social das formas linguísticas, como idade, sexo/gênero. A representação foneticamente detalhada foi formulada inicialmente para a percepção visual (Semon, 1923, apud Johnson, 2005: 291), depois utilizada em estudos de percepção e categorização na Psicologia (Hintzman, 1986; Nosofsky, 1986), trazido para a Linguística por Johnson (1997) e incorporado em diversas propostas de modelagem do conhecimento fonológico conhecidas como Modelo de Exemplares ou Teoria de Exemplares (Pierrehumbert, 2001a; Johnson, 2006; Cristófaro Silva e Gomes, 2017).

Segundo Pierrehumbert (2000: 8), não existe qualquer parte da Fonologia que seja livre da substância. A base fonética da Fonologia é concebida em termos neurofisiológicos, podendo ser investigada experimentalmente, por exemplo, através da acústica da fala, bem como de instrumentos laboratoriais que permitem identificar características físicas do sistema articulatório (ultrassom, eletroglotógrafo etc.). Evidência que sustenta essa proposta é que a percepção do contraste categórico entre segmentos, tradicionalmente denominados fonemas, como a diferença entre as consoantes iniciais das palavras *fala* e *sala*, se baseia em diferentes pistas acústicas a depender do conhecimento linguístico do falante (Flege e Hillenbrand, 1986).

A hipótese de representações fonéticas detalhadas encontra apoio em observações diversas, como, por exemplo, o fato de falantes nativos diferenciarem sotaques em sua língua materna, indicando que a variabilidade é parte do conhecimento sonoro (Clopper e Pisoni, 2004). Também há evidência de que as crianças em idade pré-escolar, antes dos 7 anos, desenvolvem habilidade de perceber diferenças linguísticas relacionadas com variedades regionais da mesma língua. Essa habilidade se desenvolve a partir da experiência da criança com a variedade falada em família, mostrando-se capazes de identificar falantes familiares e agrupar falantes não familiares com base em caraterísticas fonéticas de variedade dialetais. Há ampliação desta habilidade em função da idade da criança (Jeffries, 2016).

Falantes podem também identificar sotaques de estrangeiros. O estudo de Major (2007) mostrou que os falantes são capazes de identificar se um determinado texto em uma determinada língua (no caso, o português brasileiro) foi lido por um falante nativo ou não nativo, mesmo aqueles participantes com baixo contato ou com nenhum contato com a língua. O autor defende que provavelmente aspectos do sinal acústico como modulações de voz consistiram em pistas para o processamento dos estímulos pelos participantes do experimento.

Gnevsheva (2018) mostra que 30 nativos do inglês da Nova Zelândia, em tarefa composta de estímulos extraídos de conversas espontâneas de 3 falantes nativos de diferentes variedades do inglês (da Nova Zelândia, do sul da Grã-Bretanha e inglês padrão americano) e 3 não nativos com diferentes *backgrounds* linguísticos (alemão e coreano), apresentaram acurácia de 75% na identificação das variedades do inglês, embora fazendo alguma confusão em relação à variedade. Os participantes foram menos acurados em identificar a origem germânica e coreana dos falantes não nativos dos estímulos, respectivamente 13% e 4,5% de acurácia, embora os falantes nativos dessas línguas sejam os grupos mais populosos entre os não nativos do inglês na Nova Zelândia. A diferença de identificação dos estímulos com inglês nativo e não nativo se deve a um processo em que, primeiramente, o falante é categorizado como falante nativo ou não nativo da língua e, em seguida, caso identificado como não nativo, faz-se a identificação de qual seria sua língua materna nativa, dependendo esta última etapa tanto de informação linguística quanto social. O fato de falantes serem capazes de categorizar sotaques específicos – sejam de variedades regionais de sua língua materna ou de sotaques estrangeiros de falantes de línguas específicas – indica que as representações em exemplares se expandem a partir da experiência adquirida pelo falante e são replicadas em contextos específicos (Bybee, 2008). É interessante observar que, se o falante de L1 não tem conhecimento prévio do sotaque estrangeiro em questão, a categorização é apenas como sotaque não nativo.

Flege e Hillenbrand (1986) também apresentaram evidência para a hipótese de representação detalhada na percepção do contraste de vozeamento entre [s] e [z] no inglês, [pi:s] *peace* (*paz*) e [pi:z] *peas* (*ervilhas*), por falantes do sueco e finlandês, línguas que não apresentam esse contraste, e por falantes do francês, que apresenta o contraste. No inglês, a vogal tônica tem duração maior quando seguida da fricativa sonora. Na tarefa de identificação das fricativas, suecos e finlandeses se basearam mais que os franceses na duração da vogal no contexto em que esta é seguida de consoante sonora, indicando que, para os falantes franceses, poderia haver outro correlato sonoro no contraste entre os dois sons. Foi também observado que estímulos com uma duração menor da fricativa levaram a um índice maior de erros na identificação da fricativa vozeada pelos falantes do francês. O efeito da duração da fricativa nos estímulos, para esses participantes, tem relação com a duração desses segmentos nas duas línguas em questão. A análise acústica de dados de produção mostrou que a diferença de duração entre fricativa vozeada e desvozeada é mais acentuada no francês que no inglês. Portanto, o detalhe fonético (duração) presente na produção de fricativas em final de sílaba no inglês e no francês, juntamente com os resultados de acurácia na percepção desses segmentos pelos falantes do francês, mostra que os falantes se baseiam em pistas acústicas presentes na produção destes segmentos em sua língua nativa, evidenciando que a percepção do contraste (categoria abstrata) do inglês depende do detalhe fonético experienciado pelos participantes falantes do francês em sua língua nativa, e não do fato de ambas as línguas apresentarem uma categoria abstrata do mesmo tipo – isto é, contraste de vozeamento entre fricativas.

Os Modelos de Exemplares têm sido, então, aplicados para acomodar a variabilidade observada nos diferentes níveis linguísticos, como o da organização sonora (Pierrehumbert, 1994, 2001, 2003, 2016; Bybee, 2001, 2010; Johnson, 1997, 2006); padrões morfológicos (Bybee, 1995, 2010; Hay e Baayen 2005); construções (Bybee, 2013) e na semântica (Croft, 2007). Segundo Bybee (2013: 59), exemplares são:

a. categorias formadas a partir de ocorrências da experiência do falante que são percebidas como sendo as mesmas e que contêm informação dos contextos de uso;
b. organizados em um mapa cognitivo com base na similaridade entre eles – Modelo de Redes (*Network model*);
c. de qualquer tipo: fonético, sintático e semântico;
d. dinâmicos, sendo atualizados em função dos eventos de uso, isto é, mudam no indivíduo e não entre gerações.

Além disso, a representação em exemplares satisfaz, pelo menos, dois princípios importantes dos Modelos Baseados no Uso (Bybee, 2013: 53) ou Modelos de Exemplares:

a. sua formulação original para categorias não linguísticas (visão), que se estende a categorias linguísticas, ratifica o pressuposto de que a linguagem é parte de uma cognição geral;
b. o fato de as instâncias de uso estarem representadas e capturarem aspectos do contexto linguístico, situacional e social, atende ao pressuposto segundo o qual a experiência ou uso impacta o conhecimento abstrato.

Assim, os Modelos de Exemplares focalizam a importância do detalhe fonético considerando produção e percepção, efeitos de frequência nas representações e emergência e gerenciamento das abstrações (cf. Cristófaro Silva e Gomes, 2017: 159-162). De acordo com os modelos que adotam a representação em exemplares, o armazenamento de formas lexicais contém informação sonora detalhada, relacionada com a experiência do falante em perceber e produzir os itens lexicais em diferentes contextos linguísticos e extralinguísticos, o que equivale a dizer que todas as variantes relacionadas a um item lexical fazem parte de sua representação no léxico. As representações detalhadas incluem diferentes informações:

a. neurofisiológicas, relacionadas com as propriedades articulatórias dos sons linguísticos, que por sua vez apresentam variabilidade em função do ambiente fonético e prosódico em que se encontram;
b. acústicas, relativas à duração e formantes dos sons linguísticos e aspectos da voz humana, como intensidade, *pitch*, entre outros;
c. da indexação social relacionada ao detalhe fonético, isto é, relativa à associação entre detalhe fonético e características sociais dos falantes como sexo, idade, pertencimento a um grupo social, etnia, entre outros (Munson, Edwards e Beckman, 2005a; Foulkes e Docherty, 2006; Cristófaro Silva e Gomes, 2017).

Hay, Warren e Drager (2006) também apresentam evidência de que representações lexicais contêm detalhe fonético, em estudo que avalia o impacto de mudança sonora em progresso e da indexação social dos exemplares representados no reconhecimento de itens lexicais por falantes do inglês da Nova Zelândia (NZE). O inglês da NZE passa por um processo de fusão (*merge*) dos ditongos [iə], em itens como NEAR, e [eə], em itens como SQUARE, em direção a [iə]. O processo de mudança se encontra bastante avançado entre os jovens e também entre os falantes de classe socioeconômica baixa, que tendem a produzir os itens das duas listas categoricamente como [iə]. Os participantes do experimento deveriam indicar qual item lexical ouviram a partir de duas formas escritas apresentadas na tela. Os estímulos consistiram em 10 pares mínimos com itens das duas listas, como, por exemplo, *ear* (orelha) e *air* (ar) ou *beer* (cerveja) e *bear* (urso) (cf. Hay et al., 2006: 462). Os estímulos foram apresentados de acordo com as seguintes condições: a) Grupo 1 – sem associação a estímulo visual; b) Grupos 2 e 3 – estímulos auditivos pareados a estímulos visuais relativos à caracterização de idade; c) Grupos 4 e 5 – estímulos auditivos pareados a estímulos visuais relativos à caracterização de *status* econômico baixo e alto, mas com idades semelhantes entre si. Os autores também avaliaram qual o grau de fusão dos ditongos para os *participantes* através de um teste de produção e de como eles se autoavaliam, isto é, se consideram que mantêm ou não a produção diferenciada dos pares de palavras. O grau de fusão na produção dos itens lexicais de listas diferentes (*ear* e *air*, por exemplo) foi obtido através de um índice (*Pillai score*), calculado através da distância entre os dois formantes, F1 e/ou F2, das duas vogais nos dois itens lexicais: índice Pillai alto indica maior distância entre as vogais núcleo do ditongo, ao passo que índice Pillai baixo indica que a fusão está mais avançada. O estudo mostrou efeito de características específicas dos participantes, do item lexical, do contexto e das características percebidas dos falantes dos estímulos no reconhecimento de palavras. Com relação às características dos participantes, os resultados apontaram mais taxas de erros entre os homens, que decrescem entre os mais velhos, e decréscimo nas taxas de erros quanto mais alto o índice Pillai, isto é, entre os falantes que ainda não apresentam fusão para os itens lexicais das duas listas. Com relação às características dos itens lexicais dos estímulos, foi observado um índice maior de erros entre os itens da lista SQUARE, resultado este esperado, uma vez que a mudança se dá na direção do ditongo [iə], e efeito da frequência de ocorrência dos itens. Também foi observado efeito do índice Pillai dos estímulos, de maneira que, quanto mais os pares de itens foram produzidos com a forma sonora semelhante, maior a tendência à confusão na identificação de itens da lista SQUARE. Com relação à frequência *log* do item-alvo e do item competidor, os erros decrescem em itens com alta frequência da palavra-alvo da lista SQUARE, sendo o efeito ampliado, se o competidor da lista NEAR também tem frequência alta. Por outro lado, os erros aumentam se o alvo tiver frequência baixa e o competidor, frequência alta. Para os itens da lista NEAR, se a frequência do competidor é baixa, os erros decrescem em função do aumento da frequência do item-alvo. No entanto, foi observado o efeito inesperado de aumento de erro se a frequência do alvo e do item competidor aumenta. Os resultados também apontaram efeito das condições dos testes. A presença de uma foto (apresentada antes do estímulo auditivo) diminuiu significativamente a probabilidade de erro no reconhecimento do item lexical. Nas condições em que foram apresentadas figuras pareadas com voz, foi observada interação entre voz do estímulo e foto, entre foto com caracterização de idade e baixo índice Pillai dos participantes, e entre classe social, índice Pillai e voz do estímulo. Assim, foi observada maior acurácia na identificação do item entre as participantes mulheres, quando o estímulo foi produzido por uma voz feminina; maior acurácia entre os participantes que apresentaram índice Pillai alto e que, no entanto, foram menos acurados quando as fotos correspondiam a falantes jovens; e, finalmente, maior acurácia entre os participantes com índice Pillai mais alto, na avaliação de estímulos produzidos com maior diferença entre as vogais das duas listas (índice Pillai alto do estímulo), associados a fotos que representam falantes com *status* socioeconômico mais alto. Os resultados constituem evidências que sustentam a hipótese de Modelos de Exemplares para a percepção da fala, que postulam a representação fonética detalhada presente no uso e indexada socialmente.

O conjunto de resultados do estudo de Hay et al. (2006) fornece uma modelagem inovadora para capturar a situação em que falantes, na mesma sincronia, se encontram em estágios diferentes do processo de mudança, e, portanto, organizam diferentemente os exemplares das representações mentais para os mesmos itens lexicais. As representações, que incluem diferentes formas sonoras do mesmo item lexical, refletem aspectos da produção (grau em que se encontra a fusão dos ditongos nos itens relevantes) e da percepção das produções dos demais membros da comunidade de fala, uma vez que os falantes dessa comunidade de fala também estão expostos à variabilidade resultante da distribuição do estágio da mudança em função da idade e da classe socioeconômica dos falantes dessa comunidade. De acordo com Bybee (2002: 273), a representação em exemplares permite capturar a mudança sonora em curso, uma vez que as representações detalhadas dos itens lexicais são atualizadas gradualmente com a experiência do falante com o uso linguístico (ver também Harrington, 2006).

Emergência das abstrações

De acordo com a abordagem dos Modelos de Exemplares, as línguas são sistemas com diferentes graus de abstração, que constituem uma solução da natureza aos múltiplos condicionamentos de ordem física, biológica e cognitiva (Pierrehumbert, 2000: 17). Para Bybee (1999, 2001, 2010), a estrutura é emergente das instâncias de uso organizadas, no léxico, em redes de conexões, com base em semelhanças sonoras, semânticas ou ambas entre as palavras. As categorias emergentes são, portanto, segundo Pierrehumbert (2003, 2016), um construto mental que relaciona, pelo menos, dois tipos ou dois níveis de representação: um nível paramétrico e um nível discreto. O nível paramétrico contém as informações articulatórias e acústicas e o nível discreto corresponde às abstrações que emergem das representações detalhadas e da organização em redes, como sílabas e segmentos. Novos itens lexicais são processados – reconhecidos, identificados e discriminados – pelo mapeamento das representações existentes através de um conjunto de escolhas estatísticas, e que também têm relação com o conhecimento sociolinguístico, relacionado às diferentes situações interacionais, discursivas e estilísticas de uso da língua. Pierrehumbert (2003) postula um conhecimento fonético (ou representação fonética) que corresponde a generalizações sobre eventos de fala e inclui distribuições probabilísticas de entidades no espaço fonético paramétrico. As informações relativas a relações fonotáticas, que permitem aos falantes adultos a produzir julgamentos de boa formação de novas palavras e empréstimos, padrões nativos de acento e silabificação, são abstrações que surgem de generalizações sobre as redes de conexões lexicais. Ainda, generalizações sobre as relações entre as palavras no léxico levam à emergência de padrões morfológicos. De acordo com Beckman, Munson e Edwards (2007), cada nível ou tipo de representação tem um aparato próprio e pode se desenvolver independentemente, conforme tem sido atestado em estudos sobre aquisição atípica. Os autores mostraram que as diferenças entre crianças com desenvolvimento atípico, como distúrbio fonológico e distúrbio específico da linguagem, e seus pares com desenvolvimento típico se situam no tipo ou nível de conhecimento fonológico afetado. Essas questões serão tratadas nos estudos sobre crianças com desenvolvimento atípico apresentados neste livro.

O estudo de Clopper, Tamati e Pierrehumbert (2016) também fornece evidência para a postulação de diferentes níveis de representação das formas das palavras, isto é, da emergência de um padrão representacional abstrato relacionado a pronúncias diferentes da mesma palavra em variedades distintas da mesma língua. O estudo teve como objetivo observar o efeito da diferença de proeminência social de variedades regionais no processamento lexical. Para as autoras, processamento lexical envolve o reconhecimento do item, mapeamento do sinal acústico a uma categoria lexical alvo (*recognition*), que corresponde à representação abstrata, e a codificação do item (*encoding*), atualização das representações detalhadas, ou conjunto de exemplares, para refletir a forma do item lexical. Assim, por exemplo, considerando um Modelo de Exemplares, a representação da palavra *cor* do PB é constituída das ocorrências do item que o falante experienciou, isto é, que foram previamente reconhecidas e codificadas como exemplares do item *cor*. O reconhecimento (*recognition*) de uma nova ocorrência de *cor* envolve o mapeamento da ocorrência à categoria à qual o exemplar mais se aproxima e a codificação (*encoding*), que envolve acrescentar e atualizar o conjunto de exemplares da palavra-alvo com a nova forma que foi atestada.

De acordo com a modelagem em exemplares, as representações lexicais variam em robustez, dependendo do número e da força lexical (*lexical strength*) ou robustez dos exemplares de cada item lexical. A força lexical está relacionada à frequência de uso dos itens lexicais. Assim, itens mais frequentes terão mais exemplares e representação mais robusta (Johnson, 1997; Bybee, 2001; Pierrehumbert, 2002). Também, observa-se o efeito de recensão no grau de robustez dos itens lexicais: palavras produzidas/percebidas mais recentemente têm representação mais robusta (Goldinger, 1996). Ainda, segundo Clopper, Tamati e Pierrehumbert (2016), os dois processos, *reconhecimento* e *codificação* lexical, são independentes, uma vez que, embora a falha no reconhecimento de um item-alvo impossibilite a codificação, isto é, a atualização dos exemplares, ou representações detalhadas, o reconhecimento de um item pode não levar à atualização da codificação com uma nova ocorrência deste item. Por exemplo, um item pode ser reconhecido a partir de uma produção truncada (e não variável) e essa ocorrência não será acrescida ao conjunto de exemplares.

No estudo de Clopper et al. (2016), o objetivo dos testes foi verificar o reconhecimento lexical com participantes falantes da variedade *Midland* (Meio Oeste) e *Northest* (Norte, Costa Leste) do inglês americano, expostos a estímulos produzidos nas duas variedades. O teste, que apresentou itens do inglês com estrutura cvc, como *bad* (mau), *bet* (aposta), *boat* (barco), *book* (livro) etc., com foco na alternância vocálica, consistiu de duas fases: a "fase de estudo", em que os participantes ouviram os estímulos nas duas variedades e indicaram que item haviam ouvido, o que envolve o processo de reconhecimento (*recognition*); a "fase teste", em que os participantes ouviram os estímulos e deveriam indicar se se tratava de palavra velha, isto é, ouvida anteriormente, ou nova, o que envolve o processo de codificação. A acurácia no reconhecimento foi a variável dependente da fase de estudo e os tempos de resposta constituíram a variável de análise da fase teste. Os resultados do Experimento 1, apresentação dos estímulos nas duas fases, sem ruído, indicaram índice alto de reconhecimento dos itens produzidos com as características das duas variedades dialetais pelos dois grupos de participantes, *Midland* – 87%, *Northern* – 89%, indicando que as duas variedades são mutuamente inteligíveis. Na fase teste, os resultados mostraram que as palavras velhas (constantes da "fase de estudo") foram mais rapidamente reconhecidas para os estímulos da variedade *Midland* do que da variedade *Northern*, replicando resultados de pesquisas prévias que indicaram que variedades dialetais menos padrão, como a variedade do inglês americano ao norte da Costa Leste, são processados mais devagar que os dialetos mais padrão, como o *Midland*. Os resultados do Experimento 2, estímulos apresentados com ruído (*in noise*), isto é, com custo de processamento, indicaram taxas baixas de reconhecimento dos estímulos das duas variedades *Midland* (60%) e *Northern* (68%). Na fase teste, foi observado o benefício da repetição (palavras velhas ou presentes na fase estudo) somente para os itens produzidos com a variedade *Midland*, resultado que, segundo as autoras, indica uma codificação mais robusta dessa variedade devido à sua proeminência social. Os resultados também mostraram que os participantes nativos da variedade *Northern* foram mais beneficiados pela repetição que os participantes da variedade *Midland*. De acordo com as autoras, o comportamento dos participantes da variedade *Northern* é devido ao fato de que os exemplares de cada item lexical incluem um espectro maior de formas dialetais de outras variedades, em especial, aquelas de variedades com mais proeminência social. Os resultados mostram processamento diferenciado dos dois dialetos, efeito de *priming* e interferência da variedade do estímulo em função da origem dialetal dos participantes. O conjunto de resultados indica que a informação lexical é mais robustamente codificada para as formas fonéticas da variedade *Midland* que da variedade *Northern*, e que o custo do processamento cognitivo, em condições de processamento mais difíceis (com ruído), leva a uma codificação mais fraca das variedades.

Os processos de reconhecimento e codificação de itens lexicais estão relacionados a níveis de representação distintos das palavras no léxico, um com informação fonética fina, que contém, entre outras informações, detalhes relacionados a diferenças dialetais, e um com unidades abstratas, que associa as diferentes formas fonéticas que fazem parte dos exemplares dessa categoria lexical. Os estudos de Hay, Warren e Drager (2006) e Clopper et al. (2016), anteriormente mencionados, fornecem evidência de que as palavras são representadas diferentemente em função da experiência com a língua-ambiente, e cuja robustez vai depender da frequência de uso, se a palavra foi imediatamente ativada (recensão), além de aspectos que envolvem a indexação social do detalhe fonético.

Cristófaro Silva, Cantoni, Oliveira e Miranda (2017) apresentam evidência, com base em produções lexicais de adultos, de que a perda segmental em *onsets* complexos tautossilábicos, isto é, grupos consonantais ou sequências de consoantes que ocupam a mesma sílaba, no português brasileiro, formados por uma consoante seguida de tepe, como em ou[tɾ]o ~ ou[t]o, envolve aspectos gradientes, não só a ausência abrupta de um segmento. Segundo as autoras, dados de aquisição do português brasileiro mostram que as crianças que ainda não adquiriram o *onset* complexo fazem diferença entre a produção de um item lexical alvo que contém *onset* complexo em sílaba tônica, produzido sem o tepe, como *prato* produzido como pa[t]o, e a primeira sílaba da palavra *pato*, que tem a estrutura consoante vogal (cv). A análise acústica de um conjunto de dados, produzidos por crianças com idades entre 4;0 e 5;11, mostrou que a vogal da sílaba em questão tem duração maior que a vogal de sílabas-alvo cv. Por outro lado, o alongamento da vogal não foi observado em crianças que já adquiriram o *onset* complexo, tendo duração equivalente à de uma vogal de uma sílaba com *onset* simples (Miranda, 2007). As autoras analisaram

26 itens lexicais dissílabos, somente com vogais orais seguindo o grupo consonantal, do *corpus* de Oliveira (2017), que contém produções de adultos de diferentes variedades do PB. Do ponto de vista acústico, foram consideradas realizações como *onsets* complexos, isto é, com o tepe realizado, todas as ocorrências que apresentaram uma pequena perda de energia, refletindo a interrupção da forma espectral devido à perda de contato do ápice da língua com os alvéolos, resultante da oscilação da língua na produção do segmento. Foi observada a duração maior da vogal nos itens lexicais em que o tepe não foi produzido, comparativamente à duração da vogal das produções em que o tepe foi preservado. De acordo com as autoras, a diferença duracional é estatisticamente significativa e foi interpretada como um alongamento compensatório da redução do *onset* complexo. No entanto, os resultados para a duração da sílaba indicaram que os dois tipos de sílaba, com e sem o tepe, não apresentam a mesma duração, sendo as sílabas com o tepe com maior duração do que as sílabas sem o tepe. Os resultados para a duração da sílaba sugerem que a perda segmental do tepe afeta a organização prosódica na dimensão temporal, sendo a duração menor da sílaba sem o tepe a expressão da natureza gradiente da redução do *onset* complexo no PB. As produções sem o tepe com o alongamento compensatório, assim como as produções com tepe, fazem parte das representações detalhadas dos itens lexicais e têm impacto na modelagem abstrata desses itens.

Em suma, nos Modelos de Exemplares, abstrações não têm existência autônoma em relação às instâncias em que ocorrem e não têm existência prévia, isto é, não são inatas (Lindblom et al., 1984; Langacker, 1987; Bybee, 2001). São, portanto, emergentes das representações detalhadas, mas também constituem um tipo ou nível de representação. Segundo Bybee (1999: 230), nesta abordagem, a estrutura interna, como segmentos e sílabas, é emergente da "natureza inerente da organização dos gestos articulatórios". As representações fonéticas detalhadas permitem capturar aspectos do uso, tornando possível acomodar, além da indexação social, os efeitos de frequência que têm sido observados na literatura. A seção a seguir apresenta os dois conceitos de frequência pertinentes ao modelo, frequência de ocorrência (*token frequency*) e frequência de tipo (*type frequency*), bem como as hipóteses relacionadas a cada tipo.

Efeitos de frequência

A menção a efeitos de frequência nas línguas humanas é bastante antiga. Com relação à mudança, Schuchardt (1881, apud Venneman, 1972: 172) postulou que a mudança sonora se propaga gradualmente através do léxico (difusão lexical), difundindo-se das palavras mais frequentes para as menos frequentes. Assim, efeitos de frequência têm sido observados na literatura (Bybee, 2001; Cristofaro Silva, 2017; Ernestus, 2017), como nos estudos sobre acesso e processamento lexical (Segui et al., 1982; Frisch, Large e Pisoni, 1985; Baayen et al., 2016, entre outros), emergência de padrões morfológicos (Bybee, 1995; Hay, 2003), mudança linguística (Phillips, 1984, 2006; Bybee, 2015), percepção (Hay, Warren e Drager, 2006) e aquisição (Ambridge et al., 2015).

Há dois tipos de contagem de frequência que são pertinentes à linguagem (Bybee; 2001: 10): frequência de tipo (*type frequency*) e frequência de ocorrência (*token frequency*). Frequência de tipo se refere à quantidade de itens que compartilham um determinado padrão estrutural. Tem também relação com a produtividade de um padrão, de maneira que padrões produtivos, que tendem a ser atribuídos a novos itens lexicais, por exemplo, são normalmente os mais frequentes no léxico (Bybee, 1995, 2001). Por exemplo, no português brasileiro, quando verbos são criados, estes são enquadrados na primeira conjugação, como é o caso de verbos formados a partir de empréstimos, como deletar e escanear. Frequência de ocorrência tem relação com a quantidade de vezes em que um item lexical ocorre em uma determinada amostra.

Efeitos de frequência de ocorrência têm sido observados na aquisição e na mudança linguística. Na aquisição de língua materna, Boysson-Bardies e Vihman (1991) mostraram que, embora haja uma tendência maior de consoantes labiais, dentais e oclusivas aparecerem no balbucio e nas primeiras palavras de crianças adquirindo respectivamente o inglês, francês, japonês e sueco, foi também observada uma diferença estatisticamente significativa de seleção fonética entre esses grupos de crianças nos dados de balbucio. A observação de dados de produção espontânea foi realizada no ponto em que as crianças produziam espontaneamente um total de 25 palavras, entre 16 e 19 meses, a depender da língua (Boysson-Bardies e Vihman, 1991: 300). Por exemplo, a produção de labiais por crianças adquirindo o francês (53,8%) diferiu significativamente da produção de crianças adquirindo o japonês (29,6%) e o sueco (20,3%), mas não das crianças adquirindo o inglês (45,9%). Essas distribuições refletem índices semelhantes aos observados em cada língua na produção dos adultos – francês (54,3%), inglês (34,1%), japonês (27,8%) e sueco (33,5%), de maneira que a frequência das consoantes produzidas no balbucio reflete as diferenças da frequência de ocorrência desses segmentos em cada uma dessas línguas (Boysson-Bardies e Vihman, 1991: 305).

Na mudança sonora, tem sido observado que a frequência de uso tem dois efeitos aparentemente contraditórios. Em mudanças sonoras com motivação fonética que envolvem enfraquecimento ou lenição do segmento, itens lexicais com maior frequência de uso tendem a ser atingidos primeiramente em relação às palavras menos frequentes, porque a mudança se implementa na produção e, assim, quanto mais o item é usado, mais está sujeito aos padrões articulatórios inovadores, à automação de rotinas neuromotoras inovadoras (Bybee, 2012). Hay e Foulkes (2016) analisaram ocorrências de -t- intervocálico, no inglês da Nova Zelândia, de produções espontâneas de 98 falantes nascidos entre 1862 e 1982. Os resultados indicaram mudança na direção da realização como oclusiva sonora [d], sendo as palavras mais frequentes as que apresentaram maiores índices de ocorrência deste segmento. Diversos estudos têm contribuído com evidências de que itens mais frequentes são os primeiros a serem atingidos nos casos de mudanças foneticamente motivadas (Bybee 2000: 69-70; 2002; Coetzee e Pater, 2011; Coetzee e Kawahara; 2013; Phillips, 1984, 2006; File-Muriel, 2010; Brown e Raymond, 2012). Todd, Pierrehumbert e Hay (2019), entretanto, argumentam que essa hipótese tem foco na produção e que a perspectiva da percepção também precisa compor o cenário da discussão relativa ao efeito da frequência de ocorrência como mecanismo propulsor de implementação da mudança sonora.

O efeito inibidor da frequência de ocorrência do item lexical tem sido verificado em mudanças analógicas, que envolvem a atribuição de um padrão abstrato a membros de outra categoria que não apresentam aquele padrão. Nesse caso, as palavras de baixa frequência são as primeiras a serem afetadas. Assim, tem sido observada a regularização de formas irregulares afetando primeiramente as palavras de baixa frequência. Há registros de que a forma *dreamt*, passado do verbo *to dream* (sonhar), de baixa frequência de ocorrência na língua, vem sendo substituída pela forma regular de indicação do passado em inglês com a partícula -*ed*, *dreamed*. O mesmo não se observa para as formas *left* e *felt*, respectivamente, formas de passado de *to leave* (sair/deixar) e *to feel* (sentir), que são de alta frequência de ocorrência na língua (Bybee, 2015: 96). No português brasileiro, também tem sido observado o efeito da frequência de ocorrência da palavra na alternância de formas de plural (Tomaz, 2006; Huback, 2007, 2011; Gomes e Gonçalves, 2010).

Tomaz (2006) mostra que, em itens lexicais com metafonia da vogal na forma de plural, como em [ɔ]*vos*, cuja vogal do radical tem uma vogal fechada na forma da palavra no singular, [o]*vo*, e que são itens lexicais com baixa frequência de ocorrência na língua, como *mi*[ɔ]*los* e *car*[ɔ]*ços*, tendem a ocorrer com a vogal fechada, porque, se a palavra não é conhecida, devido a sua baixa frequência, a forma de plural tradicionalmente esperada não vai ser adquirida.

Conforme mencionado no início desta seção, efeitos de frequência têm sido observados na aquisição, na mudança sonora e na mudança analógica. De acordo com Bybee (2001, 2012), os Modelos de Exemplares oferecem as condições para que efeitos de frequência de uso sejam capturados na representação em exemplares e efeitos de frequência de tipo sejam capturados na organização do léxico em redes de conexão lexical. A seção a seguir apresenta as principais hipóteses relacionadas à organização do léxico em redes.

LÉXICO COMO REDE DE CONEXÕES LEXICAIS OU O MODELO DE REDES *(NETWORK MODEL)*

A hipótese do léxico em redes foi formulada inicialmente em Bybee (1985) e em Pisoni et al. (1985). Na proposta de Bybee (1988, 1995, 1998, 2002), as conexões se baseiam em compartilhamento de características semânticas, sonoras ou ambas. Bybee (1995: 430) propõe o Modelo de Redes *(Network Model)* para o léxico em que o compartilhamento de semelhanças sonoras e semânticas faz emergir generalizações denominadas de esquemas, que podem ser de dois tipos: esquemas orientados para a fonte (*source-oriented schemas*) e orientados para o produto (*product-oriented schemas*). Os esquemas orientados para a fonte correspondem a generalizações entre palavras correspondentes às formas básica e derivada, como: a) formas verbais de um paradigma, como *cantar, canto, canta, cantam, cantava, cantavam* etc.; b) palavras relacionadas por processo de formação de novas palavras, como *livro, livrinho, livreiro, livraria* e *blog, bloguinho, blogueiro*. Os esquemas orientados para o produto são generalizações a partir de conjuntos de palavras complexas ou derivadas, resultando em relações morfológicas, como em *casas, livros, peras, cartas* etc., em que os itens lexicais compartilham a informação semântica de plural e a identidade de palavra terminada em fricativa. Um mesmo item lexical participa de diferentes esquemas. Os esquemas orientados para a fonte correspondem genericamente às regras do modelo gerativista, uma vez que podem ser interpretados como instruções de como se parte de uma forma básica para estabelecer uma forma derivada. Já os esquemas orientados para o produto não têm contraparte no modelo gerativo. Essa proposição fornece a vantagem de ser possível capturar relações morfológicas entre itens lexicais sem a necessidade de postular regras morfofonológicas *ad hoc*, uma vez que utiliza o mecanismo cognitivo básico da analogia. A organização lexical em redes é dinâmica, pois um mesmo item lexical participa de conexões com outros itens lexicais em função de diferentes características compartilhadas.

A modelagem em rede é estabelecida através de feixes de exemplares que apresentam relações em vários níveis de generalizações (Bybee, 2002: 271). Obviamente, diagramas que representam redes de conexões lexicais têm limitações gráficas quando expressos linearmente, em texto escrito.[1] Diagramas em redes apresentam, portanto, partes das conexões gramaticais que permitem inferências de toda a rede. Considere-se o diagrama a seguir com itens lexicais do português brasileiro.

Figura 1 – Diagrama de *vizinho*, *carinho* e diminutivos

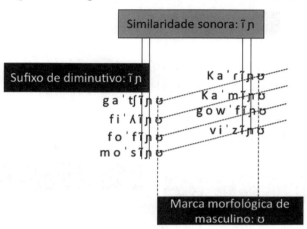

A Figura 1 apresenta um diagrama que exemplifica as relações lexicais de dois grupos de palavras, todas terminadas na sequência sonora [ĩɲʊ]. O grupo de palavras à esquerda (*gatinho, filhinho, fofinho, mocinho*), no diagrama, captura a generalização do morfema de diminutivo -inho, que é expressa pela caixa preta à esquerda. O grupo de palavras à direita (*carinho, caminho, golfinho, vizinho*), no diagrama, contém itens lexicais sem generalizações morfológicas a não ser pelo sufixo final -*o*, que é pronunciado como [ʊ]. Observe-se que, desse conjunto de palavras, emerge a generalização de que o -*o* final corresponde à marca morfológica de "masculino" dos dois grupos de palavras. No diagrama, a conexão entre as palavras por semelhança sonora e semântica da vogal final é indicada pelas linhas tracejadas (Cristófaro Silva e Oliveira-Guimarães, 2013). Há também conexões de similaridade fonética entre [ĩɲ], nos dois grupos de palavras, que é expressa pela caixa cinza. Agora, considere-se o diagrama da Figura 2 a seguir.

Figura 2 – Diagrama de diminutivos no masculino e no feminino

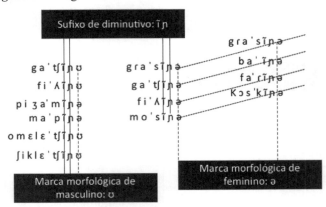

O diagrama da Figura 2 ilustra, na coluna mais à esquerda, itens lexicais no diminutivo que são todos do gênero masculino, podendo terminar, no singular, em -o (*gatinho, filhinho*), -a (*pijaminha, mapinha*) ou -e (*chicletinho*). A coluna do meio apresenta palavras também no diminutivo que são do gênero feminino e terminam em -a (*gracinha, gatinha, filhinha, mocinha*).[2] Finalmente, a coluna mais à direita apresenta itens lexicais que não são diminutivos, embora terminem em [ĩɲə] (*Gracinha, bainha, farinha, cosquinha*).

As generalizações que emergem do conjunto de itens presentes no diagrama são diversas. Uma dessas generalizações expressa que o diminutivo pode ter substantivos das duas categorias de gênero. Também emerge a generalização de que palavras no diminutivo terminadas em -a tendem a ser do gênero feminino, mas não obrigatoriamente, uma vez que há palavras masculinas terminadas em -a, como *mapa, pijama* etc.

Note-se que, na coluna mais à direita no diagrama da Figura 2, ocorrem palavras terminadas em -*inha* que não são diminutivos. No exemplo, [gɾaˈsiɲə] é o nome próprio *Gracinha*, que tem semelhança com o diminutivo do substantivo *graça*, que é ilustrado no meio. Dentre as palavras terminadas em -*inha*, podem figurar também formas verbais, como, por exemplo, *caminha, alinha* etc. Casos como "*ele caminha*" e "*a caminha*" têm relação sonora com a sequência sonora [ĩɲə], mas não têm relação semântica. Para alguns falantes "*ele caminha*" e "*a caminha*" têm a mesma pronúncia, e para outros falantes as pronúncias são distintas (Pontes, 1973). Essas generalizações são capturadas a partir do uso da língua. As generalizações sonoras e semânticas são tão robustas para o falante nativo que podem se aplicar a palavras novas em seu léxico. A produtividade das generalizações expande, portanto, o conhecimento gramatical.

Em experimento com diversos falantes nativos do português brasileiro, observou-se que a palavra *pronostamino* é quase que exclusivamente inferida como o nome de um medicamento (Cristófaro Silva, comunicação pessoal). Por quê? É uma palavra polissílaba, termina em *-ino* (geralmente paroxítono), tem encontros consonantais [pɾ] e [st] e apresenta um pé degenerado e dois pés troqueus: (s sw sw), [pɾõ.nɔstãˈmĩnʊ].[3] O padrão métrico (s sw sw) é típico de itens lexicais do PB, e contribui para que o falante infira que a sequência sonora é uma palavra que se refere ao nome de um medicamento. As características sonoras listadas anteriormente estão presentes, de maneira geral, em nomes de medicamentos em português, de maneira que a inferência de uma palavra como *pronostamino* se adequaria às características sonoras de um grupo de nomes de medicamentos. Contudo, no português mineiro, adicionando-se a prosódia adequada, em estilo formal, obtém-se a sentença *"Para onde nós estamos indo?"*, [ˈpaɾə ˈõdʒɪ nɔs isˈtãmʊs ˈĩdʊ]. Contudo, para vários falantes mineiros a pronúncia informal desta sentença é [ˈpɾõ.nɔstãˈmĩnʊ], que segmentalmente apresenta sequência sonora próxima de *pronostamino*, mas com prosódia distinta. O exemplo de *pronostamino* caracteriza a seleção semântica a partir de estímulo sonoro, preservando-se aspectos prosódicos. Seria possível, então, ter inferência fonológica a partir da semântica? Considere-se o seguinte diagrama.

Figura 3 – Diagrama com plural em *-ãos*

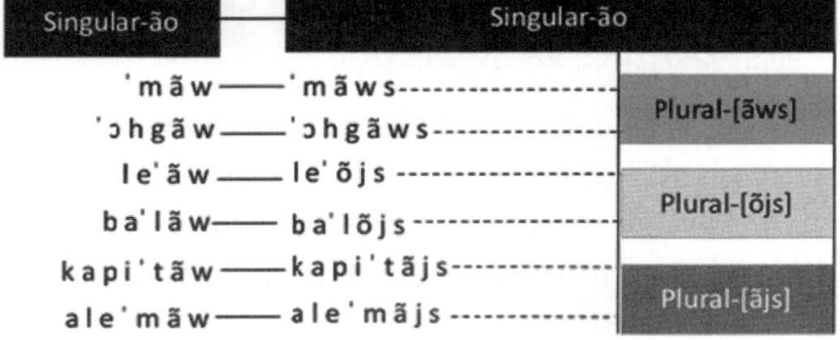

O diagrama da Figura 3 ilustra, na coluna da esquerda, algumas palavras no singular terminam em *-ão* (*mão, órgão, leão, balão, capitão, alemão*). Na coluna da direita, são apresentadas as respectivas formas de plural. Uma generalização possível sobre o plural das palavras em *-ão* é que palavras que terminem em [ãws], [õjs] ou [ãjs] terão suas formas de singular terminadas em [ãw]. Portanto, se o falante escutar uma palavra como "artupães" ele inferirá que esta palavra no singular será "artupão" (Huback, 2007). Essa generalização se aplica para a maioria das palavras do português. A única exceção é a palavra *mães* que tem o plural em [ãjs], mas cuja forma no singular não termina em *-ão*, e sim em [ãj], *mãe*. Casos excepcionais devem ser gramaticalmente tratados como excepcionais. Assim, falantes são capazes de tratar excepcionalmente casos como *mães-mãe, corpora-corpus, lápis-lápis* etc. (Cristófaro Silva, 2012). De acordo com Bybee (2010:32),

> Dada a representação em redes e em exemplares, palavras morfologicamente complexas podem variar em frequência e força da representação e cada uma pode ter seu grau de composicionalidade e analisabilidade, dependendo de quanto cada palavra é fortemente conectada a outras instâncias e suas partes componentes.[4]

O Modelo de Redes para a organização do léxico oferece a vantagem de capturar generalizações de diversas naturezas (sonoras, semânticas e morfológicas) entre as palavras no léxico para explicar por que determinados itens são mais propensos a adotar um determinado padrão, assim como também fornecem a base para o entendimento do acesso e da representação das palavras no léxico (Hay, 2000; Barbosa, 2017).

CONSIDERAÇÕES FINAIS

A relação entre as características físicas das formas sonoras das palavras efetivamente observadas na fala e as hipóteses de suas representações no léxico mental dos falantes tem sido estabelecida de maneiras diferentes ao longo do desenvolvimento das teorias fonológicas (Scobbie, 2005; Brescancini e Gomes, 2014). Na Fonologia Estrutural, a representação abstrata foi definida como contendo unidades discretas, os fonemas, com função de distinguir significado, sendo, portanto, uma representação única, que exclui o detalhe fonético presente nas formas encontradas no sinal acústico. Nas diversas versões da Fonologia Gerativa, a dicotomia entre representações abstratas e representações superficiais, i.e., formas efetivamente produzidas, foi mantida, sendo a unidade representacional fragmentada em traços distintivos, que refletem características sonoras abstratas que compõem o som. Já a Teoria da Otimalidade postula que diferentes possibilidades fonéticas competem entre si na seleção da representação abstrata que se dá a partir da hierarquia das restrições, que é específica de cada língua. Em todas essas perspectivas teóricas, há uma distinção nítida entre Fonética e Fonologia. Por outro lado, o Modelo de Exemplares agrega a Fonética e a Fonologia no componente sonoro, não havendo, portanto, níveis distintos: fonético e fonológico. Esse aspecto inovador do modelo define que as representações incorporam o detalhe fonético, que inclui tanto aspectos relacionados aos eventos articulatórios, presentes na produção dos sons, como informações acústicas. Diferentes tipos de abstrações são emergentes das instâncias de uso, configurando um modelo de conhecimento fonológico em que informações fonéticas finas e unidades abstratas estão integradas. Além dos Modelos de Exemplares, a Fonologia Articulatória e Gestual (Browman e Goldstein, 1986; Albano, 2001, 2012) sugerem unificar as produções fonéticas e as representações abstratas como integrantes do conhecimento internalizado do falante.

Os Modelos de Exemplares oferecem, portanto, avanço teórico para capturar a relação entre a representação abstrata da forma sonora das palavras no léxico mental dos falantes e as formas efetivamente encontradas na fala. A proposta de um modelo que integra o detalhe fonético nas representações mentais das palavras no léxico foi formulada há duas décadas por Johnson (1997). Essa perspectiva teórica contribuiu para fortalecer os estudos experimentais, como os conduzidos pela Fonologia de Laboratório (Albano, 2017). A modelagem da organização sonora das línguas sob a perspectiva dos Modelos de Exemplares permite, portanto, conciliar avanços das investigações experimentais da fala com a teoria fonológica.

NOTAS

[1] Barbosa (2013) apresentou um diagrama dinâmico das relações gramaticais da morfologia verbal do PB. Essa proposta está apresentada no capítulo "O alçamento de vogal média anterior pretônica: modelo de redes", que integra este livro.

[2] Exceto pelas palavras *libido* e *tribo*, que terminam em -*o* e são femininas, há formas reduzidas que também são femininas e terminam em -*o*, como, por exemplo: *foto*, *moto*, *loto* etc.

[3] Pés troqueus consistem de uma sílaba forte seguida de uma sílaba fraca: (s w). Pés iâmbicos consistem de uma sílaba fraca seguida de uma sílaba forte: (w s).

[4] "Given exemplars and network representation, morphologically complex words can vary in frequency or strength of representation and each can have its own degrees of compositionality and analysability, depending upon how strongly each word is connected to other instances of its component parts." (Bybee, 2010: 32).

Aquisição fonológica na perspectiva dos Modelos de Exemplares

Christina Abreu Gomes
Suzana Mendes Nery

A abordagem teórica dos Modelos de Exemplares, ou Modelos Baseados no Uso, concebe a linguagem como a organização cognitiva da experiência do indivíduo com a língua (Bybee, 2006, 2010). Portanto, nesta abordagem, o conhecimento linguístico do falante é emergente da interação entre capacidades cognitivas gerais inatas e a experiência linguística e social do indivíduo. Assim, partindo de um modelo que não estabelece categorias e restrições linguísticas inatas, como a postulação da Gramática Universal de Chomsky (1986),[1] uma questão que se coloca diz respeito ao estado inicial da aquisição, isto é, com qual tipo de conhecimento as crianças iniciam a aquisição de sua(s) língua(s) materna(s). De acordo com Tomasello (2000a, 2001) e Tomasello et al. (2005), os seres humanos são adaptados biologicamente para a aquisição, pois são dotados de habilidades de aprendizagem social que se manifestam na ontogenia, isto é, no desenvolvimento da criança, nos primeiros 14 meses de vida, quando a criança começa a perceber os outros como agentes intencionais, ao mesmo tempo em que se engaja em interações com outros com atenção compartilhada. As crianças também nascem dotadas de capacidade para perceber e conceitualizar objetos, ações, propriedades e de estabelecer símbolos para estas e outras entidades experenciadas, através de interações com outros usuários mais maduros. São também dotadas da capacidade de generalizar, abstrair e construir esquemas simbólicos abstratos, habilidades que constituem a base da construção do sistema simbólico da linguagem (Tomasello, 2000b, 2003). Assim, a aquisição do conhecimento linguístico pode ser explicada como integrada a outras habilidades sociocognitivas, como a compreensão da ação intencional e o engajamento na interação com outros, através da atenção compartilhada e da ação imitativa complexa.[2] A essas habilidades se somam processos cognitivos de domínio geral, como a identificação de padrões e formação de categorias perceptuais e a analogia. Como consequência, a estrutura linguística emerge do uso (Tomasello, 2003).

Especificamente, em relação à aquisição do conhecimento fonológico, considerando-se a hipótese de inexistência de um componente especificamente linguístico inato, como se desenvolve o conhecimento relativo à organização sonora das línguas? Qual a natureza da representação das formas sonoras dos itens lexicais que as crianças estão adquirindo? Como emergem as abstrações? A compreensão do processo de aquisição da linguagem envolve, portanto, aspectos relacionados às fontes do conhecimento linguístico a ser adquirido, o percurso desenvolvimental que as crianças apresentam até se tornarem falantes fluentes da variedade que estão adquirindo, assim como o papel do ambiente linguístico a que as crianças estão submetidas.

Este capítulo apresenta evidências de estudos que tratam de diferentes aspectos da aquisição fonológica e sua contribuição para a modelagem teórica da Fonologia na perspectiva dos Modelos de Exemplares, ou Modelos Baseados no Uso. As seções a seguir abordam percepção e produção no primeiro ano de vida, até a produção das primeiras palavras, e a emergência das abstrações.[3]

PERCEPÇÃO E PRODUÇÃO NO PRIMEIRO ANO DE VIDA

As subseções a seguir tratam das principais contribuições dos estudos relacionados à percepção e à produção no primeiro ano de vida das crianças. Como a percepção linguística precede a produção, a ordem das seções segue o observado na ontologia.

Percepção

Estudos desenvolvidos a partir de meados da década de 1980 têm mostrado que, no primeiro ano de vida, as crianças apresentam uma notável capacidade de perceber diversos aspectos presentes na fala. Essas características têm relevância para a aquisição da linguagem, assim como poderão integrar posteriormente o conhecimento linguístico internalizado do falante.

Há evidências de que as crianças têm experiência pré-natal com a língua, isto é, a percepção de aspectos da fala começa no útero (May et al., 2011). Segundo Jusczyk (1997: 70), a parede uterina funciona como um filtro e, por isso, os sons da fala da mãe são mais bem transmitidos para o útero que os outros sons do ambiente externo, que podem incluir também outras vozes humanas. O sistema auditivo do feto humano começa a funcionar no terceiro mês de gestação (Jusczyk, 1997: 77) e a porção do sistema auditivo que está pronta, já na vida intrauterina, é o sistema auditivo periférico. No entanto, o sistema auditivo central continua seu processo de desenvolvimento e maturação após o nascimento, até os 18 meses de vida (Silman e Silverman, 1997; Schochat, 2004). A maturação do sistema auditivo central é fundamental no processo de aquisição, uma vez que a aptidão perceptiva exerce um papel importante no desenvolvimento do sistema linguístico.

Estudos têm mostrado que crianças com menos de cinco dias de nascimento são sensíveis à diferença entre estímulos linguísticos e não linguísticos (Vouloumanos e Werker, 2007), assim como a aspectos prosódicos das línguas (Mehler et al., 1988; Ramus et al., 2000) e à voz da mãe (DeCasper e Fifer, 1980). Com relação à percepção de aspectos prosódicos, Mehler et al. (1988), utilizando o procedimento de sucção, mostraram que crianças com 4 dias de vida são capazes de distinguir enunciados de sua língua nativa de enunciados produzidos em outra língua. No estudo, crianças com 4 dias de idade, filhas de pais monolíngues franceses, foram expostas a trechos de fala produzidos por uma falante bilíngue fluente em francês e russo. As amostras de fala usadas como estímulo foram selecionadas para fornecer às crianças bons indicadores prosódicos nas duas línguas, com demarcação do início e do final das sentenças. Os estímulos foram expostos a quatro grupos de crianças em função de quatro condições: crianças que ouviram somente sentenças em russo (RR); as que ouviram somente sentenças em francês (FF); crianças que ouviram um primeiro bloco com sentenças em russo, seguido de outro bloco com sentenças em francês (RF); e, finalmente, crianças que ouviram primeiro as sentenças em francês, seguidas das sentenças em russo (FR). Os resultados mostraram que as taxas de sucção foram significativamente mais altas entre as crianças que ouviram primeiramente ou somente os estímulos em francês (grupos FR e FF) que entre as que ouviram os estímulos somente ou a primeira vez em russo (grupos RR e RF). O mesmo conjunto de estímulos foi também apresentado a crianças com 4 anos de idade, porém filhas de pais monolíngues de outras línguas diferentes do francês (árabe, português, espanhol, alemão, polonês, três diferentes línguas africanas, entre outras). Nesse caso, as crianças não foram capazes de distinguir enunciados de duas línguas diferentes que não sejam maternas. Os resultados encontrados sugeriram que a habilidade de distinguir duas línguas diferentes depende da familiaridade com alguma das línguas envolvidas e que a identificação da língua nativa depende de pistas prosódicas. Estudos de neuroimagem também têm demonstrado que recém-nascidos são sensíveis a estímulos com fala reversa, mostrando uma resposta maior do hemisfério esquerdo do cérebro a áudios com fala na ordem direta que na ordem reversa (Peña et al., 2003). A fala reversa contém as características prosódicas da fala, porém apresentadas de forma inversa.

Também ficou amplamente demonstrado que as crianças apresentam habilidade para perceber contrastes fonéticos de diversos tipos, mesmo aqueles que não estão presentes com função distintiva em suas línguas nativas, ou seja, aqueles em relação aos quais não tiveram uma experiência prévia por não estarem expostas a eles. Os estudos também apontaram que a percepção para contrastes fonéticos que não são usados com função distintiva na língua-alvo declina durante o desenvolvimento da criança, ainda no primeiro ano de vida, assim como registrado para a percepção nos adultos (Jucszyk, 1997: 79-80). Em outras palavras, a experiência com o ambiente linguístico influencia as habilidades de percepção, conforme elas se manifestam no início do desenvolvimento das crianças. Os estudos focalizaram contrastes fonéticos de consoantes com função distintiva nas respectivas línguas-alvo das crianças ou somente em outra língua a que não estão expostas: crianças entre 1 e 4 meses adquirindo o inglês, expostas ao contraste /pa/ - /ba/ (Eimas et al., 1971); crianças entre 6 e 7 meses, adquirindo o inglês, expostas ao contraste *ba – da* do inglês e ao contraste *ki – qi* da língua thompson[4] (Werker e Tess, 1984); crianças entre 6 e 12 meses, adquirindo o japonês, expostas ao contraste [ɾ] – [l] (Tsushima et al., 1994); entre outros estudos. Em geral, os estudos apontaram o declínio na percepção de contrastes fonéticos entre consoantes não existentes na língua-alvo a partir dos 8 meses de idade.

As mesmas evidências observadas em relação à percepção de consoantes foram observadas para o contraste entre vogais. No entanto, os resultados obtidos indicam que o declínio da sensibilidade de discriminar o contraste entre vogais se dá antes do período observado para as consoantes. De acordo com Jusczyk (1997: 84), uma possível explicação para essa diferença se deve ao fato de que as vogais são mais proeminentes que as consoantes na corrente da fala. Vogais tendem a ser mais longas que as consoantes e carregam informação prosódica, o que as torna mais salientes perceptualmente que as consoantes. Por exemplo, no estudo de Kuhl et al. (1992), ficou demonstrado que a percepção das vogais [i] e [y], vogais altas anteriores, respectivamente, não arredondada e arredondada, sendo a primeira presente no inglês americano e a segunda no sueco, por crianças de 6 meses adquirindo cada uma das línguas, tem influência da experiência com a língua específica sendo adquirida. Os resultados indicaram que, aos 6 meses, as crianças apresentam um forte efeito de protótipos fonéticos de suas línguas nativas. Os autores concluem também que o surgimento de um padrão fonético de percepção, relacionado a uma experiência linguística específica, não depende do estabelecimento de uma fonologia contrastiva e nem da compreensão/percepção do significado de palavras, e que a experiência com a língua altera a percepção.

Às evidências comportamentais mencionadas anteriormente, somam-se as evidências de estudos com neuroimagem segundo as quais as crianças, no primeiro ano de vida, apresentam a mesma capacidade que os adultos de processar unidades sonoras distintas (Dehaene-Lambertz e Gliga, 2004). No entanto, a capacidade de perceber contrastes fonéticos, como categorias perceptuais, não implica necessariamente que as crianças estão processando oposições distintivas de suas línguas nativas como os adultos. De acordo com Maye e Gerken (2000), a hipótese de que as crianças adquirem o conhecimento da organização sonora de suas línguas com base em pares mínimos não se sustenta diante das evidências presentes na literatura.[5] Segundo as autoras, se a reorganização da percepção da fala, como a perda da percepção de contraste entre sons não presentes na língua-ambiente, fosse baseada no conhecimento de palavras minimamente contrastivas, como *bola* e *cola*, nenhuma reorganização seria possível antes que as crianças adquirissem pares mínimos. No entanto, como a perda desta habilidade se dá em torno dos 6 meses, para as vogais, e entre 8 e 10 meses, para as consoantes, seria necessário que as crianças já possuíssem representações com pares de contraste de vogais e consoantes respectivamente nestes períodos. A literatura, entretanto, tem mostrado que as crianças possuem um vocabulário receptivo mais amplo, isto é, itens que as crianças reconhecem embora não produzam, somente em torno dos 12 meses de idade. E nesse caso, não necessariamente os itens conhecidos e, portanto, representados no léxico receptivo das crianças, incluem pares mínimos. As autoras citam o trabalho de Caselli e al. (1995), que fizeram um extenso levantamento de itens lexicais no léxico receptivo de crianças adquirindo o inglês e crianças adquirindo o italiano, entre 8 e 16 meses. De acordo com o estudo, uma criança com média de 8 meses de idade reconhece em torno de 36 itens lexicais diferentes. Entretanto, entre as 50 palavras mais prováveis de comporem o léxico receptivo inicial de uma criança adquirindo o inglês, não há nenhum par mínimo. E entre os itens do italiano, foram encontrados somente *nonno* (avô), *nonna* (avó), *nanna* (hora de dormir, sono, dormir). Ainda, segundo os autores, o estudo de Stager e Werker (1997), que testou a habilidade de crianças discriminarem pares mínimos com não palavras (*bih – dih*), mostrou que, somente em torno dos 18 meses, as crianças apresentam essa habilidade, isto é, no momento em que já estão mais avançadas na aquisição de itens lexicais.

Há também evidências de que as crianças desenvolvem sensibilidade em relação a regularidades de padrões sonoros de suas línguas, como relações fonotáticas, frequência com que determinadas sequências ocorrem, e também aspectos da organização prosódica dos enunciados de sua língua nativa. O estudo de Jusczyk et al. (1994), realizado com crianças adquirindo o inglês, entre 6 e 9 meses de idade, mostrou que somente as crianças de 9 meses indicaram preferir padrões sonoros típicos do inglês, isto é, mais frequentes, como [kæz], a padrões possíveis, mas pouco frequentes ou atípicos, como [guʃ]. O fato de as crianças de 6 meses serem indiferentes à frequência fonotática dos estímulos, segundo os autores, é indicativo de que, em algum momento entre os 6 e os 9 meses, as crianças começam a desenvolver sensibilidade à distribuição de padrões fonotáticos presentes na língua a que estão expostas. Com relação a padrões prosódicos, Jusczyk et al. (1993) mostraram que crianças com 9 meses, adquirindo o inglês, manifestam preferência por palavras com o padrão troqueu – forte/fraco, predominante no inglês – do que por estímulos com o padrão iâmbico – fraco/forte. Já as crianças de 6 meses foram indiferentes à diferença de padrão acentual dos estímulos. Segundo os autores, os resultados indicam que a preferência por um padrão acentual é resultado da familiaridade crescente com as características prosódicas da língua nativa/alvo, resultante da experiência crescente da criança com a língua.

Já o estudo de Jusczyk e Aslin (1995) mostrou que crianças em torno de 7 meses demonstram habilidade de reconhecimento de palavras na fala. As crianças foram familiarizadas com pares de palavras do inglês – um grupo com *cup* (caneca) e *dog* (cachorro), e outro com *bike* (bicicleta) e *feet* (pés), e os itens foram inseridos em sentenças. As crianças mostraram atenção a estímulos que continham os itens teste familiares. Já as crianças de 6 meses não demonstraram perceber diferença entre os estímulos. Esses resultados foram tomados como evidência de que crianças com 7 meses são capazes de extrair informação sonora que corresponde a palavras na fala adulta, mesmo que não haja relação de forma e significado para essas formas.

Segundo Saffran, Aslin e Newport (1996: 1926-1928), a tarefa de segmentar palavras no contínuo da fala, no primeiro ano de vida, se deve à capacidade humana inata de aprendizado estatístico. Segundo os autores, esse mecanismo permite que as crianças abstraiam relações estatísticas entre sons contíguos, isto é, suas probabilidades transacionais. Nesse estudo, crianças com 8 meses de idade foram familiarizadas durante 2 minutos com a sequência ininterrupta de três não palavras de três sílabas, *bidaku – padoti – golabu*, repetidas em ordem aleatória. O estímulo foi produzido por um sintetizador com o objetivo de produzir uma sequência sem pistas acústicas de limite de palavra, de maneira que a única pista para os limites de palavra fossem as probabilidades transicionais entre os pares de sílabas. As probabilidades transacionais eram mais altas dentro da palavra (1.00, como em *bida*) e mais baixas entre palavras (0,33, como em *kupa*). Na fase teste, as crianças foram expostas a repetições de palavras de três sílabas, sendo duas não palavras apresentadas durante a familiarização e duas com sequências diferentes das mesmas sílabas, não presentes na fase de familiarização. As crianças se mostraram sensíveis às diferenças entre os dois tipos de estímulo, ouvindo mais longamente aos novos itens não familiares. Esses resultados sugerem que as crianças têm acesso a um mecanismo de computação de propriedades estatísticas do ambiente linguístico a que estão expostas, que é fundamental para identificar sequências sonoras correspondentes a palavras na fala do adulto.

Sumarizando, os estudos sobre percepção no primeiro ano de vida mostraram que as crianças: a) já apresentam tendência a focalizar a voz humana, especialmente a voz da mãe, desde o nascimento; b) têm percepção ampla dos sons linguísticos, sendo capazes de identificar qualquer tipo de contraste fonético, e apresentam declínio dessa habilidade a partir dos 6 meses, para o contraste entre vogais e, a partir dos 10 meses, para o contraste entre consoantes; c) utilizam informação distribucional de propriedades do input linguístico para segmentar a fala e identificar padrões fonotáticos e prosódicos; e d) são capazes de segmentar palavras na fala corrente em torno dos 7 meses.

Produção

Uma importante contribuição dos estudos realizados a partir dos anos 1970, relativa ao comportamento de crianças no primeiro ano de vida, diz respeito à relação entre balbucio, percepção da fala e produção das primeiras palavras. Inicialmente, Jakobson (1941, apud Jusczyk, 1997: 168) postulou a existência de duas fases distintas no desenvolvimento fonológico: a fase do balbucio, caracterizado como uma etapa pré-linguística, e a fase da aquisição dos sons linguísticos. Para Jakobson, na fase pré-linguística, o bebê emite um conjunto de sons aleatórios que são definidos como balbucio. No início da fase do balbucio, os sons produzidos apresentam características articulatórias e acústicas nunca encontradas nas línguas humanas. No decorrer do desenvolvimento, os sons do balbucio adquirem características dos sons da língua-alvo. Ainda segundo Jakobson, poderia ainda haver descontinuidade entre o balbucio e o momento de produção da fala para algumas crianças, que apresentariam um período de silêncio sem produção de balbucio, enquanto, para outras, a grande maioria, a passagem de uma fase para outra seria imperceptível. Ainda, para Jakobson, a aquisição fonológica se basearia em universais linguísticos e, apesar das diferenças desenvolvimentais entre as crianças, a aquisição se processaria em estágios ordenados, basicamente uma hierarquia universal de leis estruturais, em direção à aquisição das oposições distintivas de sua língua nativa.

No entanto, o avanço na tecnologia para gravar e analisar as produções orais dos falantes deu um impulso importante para as pesquisas desenvolvidas a partir do último quarto do século xx, revelando aspectos que permitiram reinterpretar a relação entre balbucio e produção das primeiras palavras. Jusczyk (1997: 167-196) apresenta uma série de estudos focalizados nas vocalizações não referenciais, cujos resultados revelaram que o balbucio apresenta características sistemáticas, tais como:[6] a) antes dos 6 meses, as vocalizações consistem em sons parecidos com vogais, acompanhados de nasalizações e de algumas consoantes fricativas velares/uvulares ou glotais; b) em torno dos 6 meses, começa o balbucio reduplicado, que consiste em uma sequência de sílabas semelhantes, normalmente compostas por uma consoante oclusiva e uma vogal central aberta; c) em seguida, surge o balbucio variado, com produção mais variada de segmentos consonantais e vocálicos, podendo coocorrer com o balbucio reduplicado; d) o balbucio muda na direção da língua-alvo, isto é, vai adquirindo características dos sons da língua a que a criança está exposta, de maneira que a qualidade das vogais se aproxima da dos adultos, a estrutura silábica difere em função das características da língua-alvo, além de e) o balbucio incorporar propriedades rítmicas da língua-alvo.

Os estudos também mostraram a relação entre as características sonoras das primeiras palavras e os sons produzidos no balbucio, indicando continuidade entre os padrões observados nas primeiras palavras das crianças e os observados no balbucio (Vihman et al., 1985; Vihman, 1996; McCune e Vihman, 2001; Vihman et al. 2009a). As evidências apontaram que: a) a diversidade sonora das formas das primeiras palavras tem relação com a diversidade observada no balbucio, de maneira que pouca diversidade no balbucio se reflete em pouca diversidade nas formas das primeiras palavras; b) há diferenças entre as crianças em relação às consoantes que dominam e em relação ao repertório que apresentam; c) há coocorrência de balbucio e primeiras palavras.

Assim, segundo Jusczyk (1997: 172), é mais razoável tratar o balbucio como um genuíno e natural estágio de desenvolvimento linguístico, que também recebe influência do contato com a língua. Com relação ao comportamento demonstrado pelas crianças nos diversos trabalhos de percepção e produção no primeiro ano de vida, Jusczyk (1997: 195) conclui que o que parece ser inato nas crianças é o impulso em adquirir e estabelecer padrões e um meio de representação que coordena percepção e produção, não um aparato especificamente linguístico inato.[7] Uma evidência adicional da relação entre balbucio e ambiente linguístico vem do fato de que bebês com deficiência auditiva iniciam o balbucio tardiamente, aos 11 meses, se comparados aos bebês ouvintes, que iniciam o balbucio em torno dos 6 meses. Também há diferenças significativas nas vocalizações destes dois grupos de crianças (Oller e Eilers, 1988).

Também foi observada a influência de padrões produzidos no balbucio na percepção da fala por crianças no primeiro ano de vida (DePaolis, Vihman e Keren-Portnoy, 2011; DePaolis, Vihman e Nakai, 2013). No estudo de DePaolis et al. (2013), crianças, adquirindo o inglês e o galês, foram expostas a não palavras constituídas por duas sílabas cv. Os estímulos apresentados às crianças adquirindo o inglês foram construídos com as consoantes /t/ e /s/ no início das não palavras. Os estímulos apresentados às crianças adquirindo o galês continham as consoantes /b/ e /g/ também no início da não palavra. Essas consoantes foram selecionadas por apresentarem frequência de ocorrência comparável em dados de fala dirigida à criança (*child directed speech*), para o inglês, e dados de fala das mães, para o galês. Além disso, /t/ é a consoante mais frequente das primeiras produções das crianças adquirindo o inglês, ao passo que /s/ é menos frequente. Já /b/ e /g/ são igualmente frequentes nas primeiras produções das crianças adquirindo o galês. A produção das crianças (balbucio) também foi obtida de dados de produção espontânea coletados no período entre 10 meses e meio e 12 meses.

Foi observado que a frequência das consoantes-alvo na produção das crianças do estudo é a mesma observada em outros estudos. Em todos os estímulos, /w j/ e /h/ foram usados na posição medial para evitar competição com a consoante-alvo. O método usado foi o *Headturn Preference Paradigm* (HPP), em que o comportamento da criança é medido em função da atenção prestada ao estímulo oral, indicado pelo direcionamento do olhar. No geral, não houve diferenças significativas de tempo de fixação entre as consoantes do inglês e entre as do galês. Então, um índice de percepção foi estabelecido através da diferença entre o tempo de fixação em resposta a cada segmento, dividida pelo total de tempo de fixação das duas consoantes, como em ([t-s]/[t+s]). Um índice de produção foi obtido através do número total de produção da oclusiva alveolar na última seção anterior à aplicação do teste de percepção, já que as produções da fricativa foram muito baixas. Já para as consoantes do galês, foi utilizado como índice o total de produções de ambas também na sessão prévia ao teste. A regressão linear simples foi usada para examinar a correlação entre os índices de produção e de percepção para cada língua, isto é, se o número de produções é preditor da preferência pela consoante no teste de percepção. Para as consoantes do galês, não foi observada relação linear entre produção e preferência (percepção) para nenhuma das duas consoantes. No entanto, houve uma significativa relação linear negativa entre a produção e preferência pela oclusiva alveolar do inglês, de maneira que as crianças que produziram mais oclusivas alveolares olharam menos em resposta a estímulos contendo essa consoante e olharam mais em resposta a estímulos que continham a fricativa alveolar. Os resultados para a percepção das consoantes do inglês foram tomados como evidência de que padrões de produção têm efeito em padrões de percepção. Nesse caso, quanto maior a experiência da criança com uma determinada consoante no balbucio, o mais provável é que mostre preferência por uma consoante diferente nos estímulos apresentados, uma vez que a familiaridade com um determinado segmento torna os outros segmentos mais salientes.

O conjunto de evidências empíricas sobre o comportamento das crianças, no primeiro ano de vida, até a emergência das primeiras palavras, tem uma forte correspondência com a concepção da linguagem como um sistema adaptativo complexo (Thelen e Smith, 1994). Os avanços maturacionais na produção vocal, durante o balbucio, proveriam a base para uma mudança de fase em direção à produção das primeiras palavras, associados à inserção da criança em um ambiente de contato com cuidadores e outros falantes. Assim, vão emergindo estruturas que redimensionam o processo de aquisição e permitem a emergência de novas estruturas (Vihman et al., 2009a: 165; DePaolis, Vihman e Keren-Portnoy, 2011: 590-591).

Os achados sobre produção no primeiro ano de vida, antes da produção das primeiras palavras, mostram a relação entre sons experimentados no balbucio e as características da língua a que as crianças estão expostas, entre sons do balbucio e sons das primeiras palavras e entre produção e percepção. Portanto, já no balbucio, a criança vai estabelecendo rotinas articulatórias motoras (*vocal motor schemes* – vms) que poderão compor a forma sonora das primeiras palavras, assim como o estabelecimento e a estabilização de vms têm efeito na percepção dos sons presentes na língua a que a criança está exposta. A seção a seguir trata das primeiras produções referenciais das crianças, as primeiras palavras, e da emergência do conhecimento fonológico.

AS PRIMEIRAS PALAVRAS E A EMERGÊNCIA DO CONHECIMENTO FONOLÓGICO

Como visto na seção anterior, diversos estudos revelaram que a transição entre o balbucio e as primeiras palavras ocorre gradualmente e que as duas fases são altamente relacionadas. Entretanto, outro ponto a ser observado é qual o caminho que a criança percorre desde a produção das primeiras palavras até a emergência e o estabelecimento do conhecimento fonológico, e quais os mecanismos presentes neste processo.

Diversos estudos têm defendido a hipótese de que as crianças estão engajadas em adquirir palavras e não sons, fonemas, ou oposições distintivas (Ferguson e Farwell, 1975; Stoel-Gamon, 1998). Esses estudos também sugerem que as representações das primeiras palavras se baseiam na palavra como um todo (*whole-word phonology*). Segundo Vihman e Croft (2007: 686), essa hipótese tem sido adotada por estudiosos da aquisição fonológica desde os anos 1970. Desde a primeira referência a essa ideia (Francescatto, 1968, apud Vihman e Croft, 2007: 686), têm sido acumuladas evidências de estudos, com dados coletados em diários e dados observacionais, que dão sustentação à hipótese de que as palavras constituem o núcleo da fonologia inicial das crianças, e que os sons linguísticos são adquiridos em função das palavras (Menn, 1971, 1983; Waterson, 1971; Macken, 1979, entre outros). As evidências que sustentam essa hipótese são as seguintes:

a. há grande variabilidade na produção segmental da criança, de maneira que o mesmo som-alvo pode ser produzido diferentemente em palavras diferentes e algumas palavras podem apresentar mais variabilidade do que outras, o que é tomado como evidência de que as crianças têm conhecimento de palavras específicas e não de categorias abstratas de sons para produção;
b. a relação entre a forma da palavra da criança e a forma do adulto não pode ser estabelecida em termos de uma relação de segmento a segmento;
c. há uma relação mais evidente entre as palavras produzidas pela criança do que entre estas e as formas dos adultos.

Hallé e Boysson-Bardies (1996) também apresentam evidência de que as representações de itens lexicais que compõem o léxico receptivo de crianças com 11 meses, adquirindo o francês, antes da produção das primeiras palavras, não são especificadas para todos os segmentos que as compõem. Resultados de um conjunto de experimentos de percepção mostraram que as representações são suficientemente flexíveis, uma vez que houve reconhecimento das palavras mesmo em situação em que algumas propriedades da consoante inicial desses itens, como vozeamento e modo de articulação, foram alteradas.

Com relação ao desenvolvimento da aquisição fonológica, Vihman e Kunnari (2006) propõem três etapas, tomando como base evidências de estudos longitudinais e translinguísticos que conduziram. Essas etapas são:

* *Fases das primeiras palavras (early words)* – as crianças começam a produzir as primeiras palavras em torno dos 10-12 meses. Nesse momento, é possível identificar uma média de 4 palavras diferen-

tes, produzidas nas duas primeiras sessões de coleta. Esses itens lexicais tendem a apresentar padrões motores utilizados durante o balbucio, além de conterem alguma característica da palavra-alvo. Também não apresentam "coerência interna", ou seja, não é possível observar um padrão utilizado nas produções da criança. As primeiras produções tendem a ser aquelas palavras que apresentam uma alta frequência de ocorrência no fluxo de fala dirigido à criança. O exemplo a seguir, retirado de Vihman e Kunnari (2006: 137), da criança S., com 12 meses, adquirindo o inglês, ilustra essa fase.

(1) forma do adulto forma da criança
boo - [bu:]   [pʊ] (onomatopeia)
dog - [dag]   [ta:k] (cachorro)
(adaptado de Vihman e Kunnari, 2006: 137)

• *Fase "selecionada" (selected words)* – dados obtidos alguns meses depois da fase anterior, em que se observa um repertório maior de itens lexicais, em torno de 25 palavras. Nesse momento é observada, na produção das crianças, uma seleção de palavras produzidas com características sonoras mais próximas da forma do adulto. A comparação de dados de crianças adquirindo inglês, finlandês, francês e galês mostrou, nesta fase, semelhança entre a forma produzida pela criança e o alvo, com algumas alterações, como ausência de consoante de grupo consonantal e ditongos e a ausência de consoante em final da palavra. Segundo as autoras, a criança parece selecionar determinadas palavras com o objetivo inconsciente de produzi-las tal como o adulto, por isso, nessa fase, o repertório da criança fica muito restrito. A seguir, alguns exemplos da mesma criança S., com 16 meses, retirados de Vihman e Kunnari (2006: 137). Observa-se que há uma correspondência de alguns segmentos ou o segmento produzido contém algumas características do som-alvo.

(2) forma do adulto forma da criança
duck - [dʌk]   [tʌk] (pato)
book - [bʊk]   [bik] (livro)
(adaptado de Vihman e Kunnari, 2006: 137)

- *Fase "adaptada" (adapted words)* – nesta fase, as palavras produzidas pelas crianças começam a apresentar formas fonéticas mais parecidas entre si. Observa-se regressão na acurácia de produção, na comparação com a fase anterior, já que palavras anteriormente produzidas pelas crianças de forma parecida com o alvo passam a ser produzidas de maneira a se adaptar ao padrão da criança. Nesse momento, de acordo com Vihman e Kunnari, surgem os padrões fonológicos abstratos (*templates*) e assim se inicia a emergência da organização de padrões fonológicos abstratos pela criança, conforme os exemplos a seguir (Vihman e Kunnari, 2006: 137), referentes à criança S. com 16 meses.

(3) forma do adulto   forma da criança
cracker - [kɹækəɹ] [dʒak] (biscoito)
rabbit(s) - [ɹæbɪts] [pæts] (coelhos)
(adaptado de Vihman e Kunnari, 2006: 137)

Neste conjunto de dados, as produções da criança se caracterizam por compartilhar a estrutura silábica cvc, indicando uma organização abstrata em torno de um molde lexical (*template*).[8] A hipótese de que as crianças organizam as formas das palavras em função de padrões aos quais acomodam novos itens adquiridos foi primeiramente formulada por Waterson (1971), cujo exemplo clássico, com dados de criança adquirindo o inglês, é apresentado a seguir.

(4) alvo do adulto   forma da criança
(a)
another (outro)   [ɲaɲa]
finger (dedo)   [ɲeːɲeː], [ɲɪːɲɪ]
Randall (nome próprio) [ɲaɲø]
window (janela)   [ɲeːɲeː]
(b)
dish (prato)   [dɪʃ]
fish (peixe)   [ɪʃ]/[ʊʃ]
vest (colete)   [ʊʃ]
brush (escova)   [byʃ]
Adaptado de Waterson (1971: 182-183)

O conjunto de produções da criança P., com 1 ano e 6 meses, indica que há uma sistematicidade na semelhança entre as formas produzidas pela criança, que não seria satisfatoriamente capturada através de processos de substituição de segmentos. Tanto em (4a) quanto em (4b), as formas das palavras compartilham semelhanças que podem ser generalizadas em função de um padrão silábico e segmental, um *template*. No primeiro grupo, identifica-se um padrão formado por consoante nasal no *onset* silábico em palavra com duas sílabas, do tipo ɲVɲV. No segundo grupo, observa-se um padrão monossílabo com consoante em final de sílaba (coda) do tipo (oclusiva) Vʃ. Para Vihman e Kunnari (2006: 145), essa fase corresponde à emergência de padrões abstratos (*templates*) através da generalização de padrões na representação abstrata das formas das palavras.

Nessa fase, os *templates* são identificáveis quando se observa, na produção das crianças, sistematicidade para um conjunto de palavras que compartilham características sonoras e estruturais, mas se distanciam da forma-alvo. Vihman e Croft (2007) propõem três critérios para identificação de *templates*:

a. padrão consolidado em um número expressivo de formas de palavras produzidas pela criança, ou seja, sistematicidade na produção de palavras que compartilham determinadas características;

b. ausência de correspondência entre a forma da palavra produzida pela criança e o alvo adulto, e que apresenta um padrão predominante;

c. rápido aumento na produção de palavras que se enquadram nesse molde.

Vihman e Croft (2007) propõem que a representação segmental das palavras nos adultos também se baseia em *templates* (*Radical Templatic Phonology*). Os *templates* são emergentes das representações detalhadas das palavras no léxico. *Template*, portanto, é um padrão abstrato da forma sonora das palavras. Na aquisição, os primeiros *templates* seriam resultantes do estabelecimento de generalizações feitas pelas crianças, tendo como base os padrões fonéticos de suas primeiras produções, a partir de um conjunto de itens lexicais adquiridos. Assim, os *templates* são generalizações sobre as palavras que compõem o léxico da criança.

A partir do estabelecimento dos *templates*, as crianças são capazes de produzir as palavras com certa coerência e sistematicidade entre si, porém suas produções deixam de apresentar correspondência com a forma do adulto. A aquisição de novos itens lexicais e de mais padrões vocais motores leva à expansão das representações detalhadas e à emergência de mais *templates*, assim como também à aquisição de novos itens.

Segundo Vihman e Croft (2007), os *templates* não são inatos, pois não estão presentes nas primeiras palavras, e também não são universais, porque não são os mesmos moldes para crianças adquirindo a mesma língua e nem adquirindo línguas diferentes. Dessa forma, o conhecimento fonológico não está preestabelecido, mas emerge gradualmente a partir da experiência da criança com a língua e os primeiros itens armazenados. Entre os adultos, as abstrações apresentam maior variedade de tipo e de quantidade em função do tamanho do léxico. A diferença entre adultos e crianças é, portanto, uma diferença de grau. O processo de estabelecimento das representações, assim como o processo que alimenta e confere robustez às representações, é o mesmo nas crianças e nos adultos.

Para Vihman (2009), a aquisição fonológica é o resultado de dois mecanismos de aprendizagem, a aprendizagem distributiva ou estatística e a aprendizagem lexical ou simbólica. A aprendizagem distributiva ou estatística envolve um tipo de conhecimento implícito, em que a criança e o adulto percebem e armazenam as características probabilísticas dos padrões sonoros da língua sem estarem atentos a esse tipo de informação. A aprendizagem lexical ou simbólica se refere à aprendizagem da palavra, e, por isso, envolve um tipo de conhecimento explícito, pois a aprendizagem da palavra (forma e significado) depende da intenção e atenção da criança para o seu aprendizado.

Os itens lexicais armazenados no léxico constituem a base para a emergência de padrões sonoros de diferentes níveis de abstração (Pierrehumbert, 2003). Segundo Vihman, a integração entre a aprendizagem distribucional (processual) e a aprendizagem lexical (declarativa) permite a construção do conhecimento fonológico. Inicialmente, a criança apresenta avanços na percepção, nos primeiros anos de vida, através da aprendizagem implícita das características distribucionais da fala. Juntamente com os avanços na percepção, a criança inicia sua prática motora através do balbucio. A prática motora da produção afeta a forma como a criança percebe a fala, e, nesse momento, surge a relação entre produção e percepção. A produção da criança é cada vez mais influenciada pelos padrões encontrados na fala do adulto, resultando, assim, em produções bastante acuradas em relação ao alvo. Na verdade, a criança começa a selecionar inconscientemente as palavras que podem ser produzidas. Essa seleção é resultado de um reforço entre o que a criança percebe, a produção do adulto, e sua própria produção.

Sumarizando, o início da aquisição fonológica seria resultante de três tipos de aprendizagem (Vihman, 2009), a saber:

(i) registro implícito (aprendizagem processual) das regularidades retiradas das informações do *input* como frequência de ocorrência, sequenciamento, padrões rítmicos, entre outros;

(ii) registro explícito (aprendizagem declarativa) da relação arbitrária entre forma e significado das palavras;

(iii) registro implícito secundário das regularidades retiradas dos itens lexicais armazenados no léxico, originando a emergência de abstrações.

Estudos com crianças com desenvolvimento típico (Storkel e Morrisette, 2002; Vihman e Croft, 2007; Stoel-Gamon, 2011; Vihman, 2014) e com desenvolvimento atípico (Muson, Beckman e Edwards, 2005; Beckman, Munson e Edwards, 2007) têm mostrado que há uma forte relação entre léxico e emergência de padrões sonoros. No estudo de Beckman, Munson e Edwards (2007), crianças com desenvolvimento típico (DT) e crianças com desenvolvimento atípico, como as diagnosticadas com déficit específico da linguagem (DEL), apresentaram diferentes capacidades de processamento de estímulos de não palavras, que, por sua vez, envolve o acesso a generalizações sobre as palavras no léxico. O tamanho do léxico das crianças dos dois grupos foi o melhor preditor do comportamento observado das crianças na acurácia de produção em teste de repetição de pseudopalavras: quanto maior o léxico, maior a acurácia na produção. Esse resultado corrobora a hipótese de que o tamanho do léxico tem relação com a quantidade de tipos e a robustez das abstrações emergentes das palavras que o indivíduo adquiriu.

CONSIDERAÇÕES FINAIS

As evidências acumuladas nos estudos desenvolvidos nas últimas quatro décadas, apresentados anteriormente, fornecem subsídios para a postulação da hipótese de que o conhecimento linguístico emerge da relação entre aspectos inatos da cognição humana e a experiência da criança com o ambiente linguístico, conforme os pressupostos teóricos adotados nos Modelos de Exemplares ou Modelos Baseados no Uso. As crianças nascem equipadas de habilidades cognitivas gerais inatas que permitem perceber e categorizar objetos e ações presentes no ambiente, abstrair e generalizar categorias e estabelecer sistemas simbólicos.

Relativamente à emergência e organização das informações sonoras da variedade adquirida pela criança, os estudos permitiram identificar que as crianças, no primeiro ano de vida, apresentam percepção de um conjunto amplo de características acústicas presentes na corrente da fala. A percepção ocorre antes do nascimento e se desenvolve ao longo do primeiro ano de vida, sendo gradativamente influenciada pela experiência da criança com a língua-ambiente. Os estudos também mostraram a relação entre balbucio e as primeiras palavras produzidas pelas crianças. Na fase do balbucio, a criança experimenta, automatiza e representa esquemas vocais motores presentes na língua-ambiente e que serão utilizados na produção das primeiras palavras. A aquisição lexical leva à ampliação dos esquemas vocais motores necessários para a produção das palavras, de acordo com a variedade-alvo, e também à abstração e categorização de padrões lexicais (*templates*). E, finalmente, também há evidências que indicam que o aumento do léxico leva à ampliação crescente de novos esquemas motores e *templates*, alimentando diferentes níveis de representação ou tipos de conhecimento fonológico e levando à identificação e aquisição de novos itens lexicais.

O conjunto de evidências acumuladas fornece sustentação para uma abordagem teórica que postula que as crianças nem são gramáticos do tipo chomskyano, no sentido de que um conhecimento linguístico inato é crucial para guiar a aquisição de uma língua específica, nem *tábulas rasas*, como no modelo de Skyner, condicionadas pelo ambiente externo e sem necessidade de estabelecer um conhecimento inato (Kuhl, 2000: 1.1850). Ao contrário, as crianças nascem equipadas com habilidades cognitivas, que permitem extrair e organizar as informações presentes na variedade linguística a que estão expostas. O conhecimento linguístico é, portanto, resultante da relação entre a experiência da criança com a língua, mecanismos cognitivos gerais e os mecanismos inatos de percepção e aprendizagem.

NOTAS

[1] Ver Hauser, Chomsky e Fitch (2002) sobre a postulação de que a faculdade da linguagem em um sentido estrito (Faculty of Language – narrowsense = FLN) compreende somente a propriedade da recursividade.

[2] O conceito de imitação complexa de Tomasello (1996, 1999) e Carpenter e Tomasello (2005) difere do conceito de imitação behaviorista. Trata-se da capacidade de identificar objetivos e intenções de outros. Nesse caso, é suficiente reconhecer a intencionalidade do outro, não exatamente entendê-la, e a tentativa de reprodução do comportamento observado (Fridland e Moore, 2015). Ver também Nguyen e Delvaux (2016).

[3] Revisões mais detalhadas sobre aspectos tratados neste capítulo podem ser acessadas em Jusczyk (1997), Gerken e Aslin (2005), Fikkert (2007), Vihman (2014).

[4] A língua thompson pertence ao grupo salish, falada na região da província Colúmbia Britânica no Canadá. O símbolo /q/ se refere a uma articulação uvular.

[5] Pares mínimos são palavras com diferentes significados, semelhantes na forma sonora, mas com uma única diferença na mesma posição, como em *panela – canela*.

[6] O percurso desenvolvimental do nascimento até o início das vocalizações não referenciais (balbucio) passa por aspectos maturacionais que envolvem modificação da configuração do trato vocal durante a ontogenia. Observa-se que o trato vocal dos recém-nascidos é consideravelmente menor e a laringe está posicionada numa posição mais alta que nos adultos. Até os três meses de idade, sua configuração é mais semelhante à dos primatas não humanos, começando a se assemelhar à configuração do trato vocal dos adultos humanos a partir do 4º mês de vida (Jusczyk, 1997: 175).

[7] "What may be innate about the whole thing is not so much the set of categories or constraints on formal rules but rather the drive to find a more general abstract system and a means of representation that coordinates the outputs from the perception and production systems. Thus, the coordination between perception and production systems need not depend on the existence of a hardwired device such as the LAD [Language Acquisition Device]" (Jusczyk, 1997: 195).

[8] Ver o estudo de Guimarães (2008) com crianças adquirindo o português brasileiro utilizando a mesma abordagem.

Conhecimento fonológico
em crianças com dislexia

Clara Esteves

Por volta das décadas de 1950 e 1960, a Fonoaudiologia se constituía como um saber técnico, voltado para a reabilitação comportamental dos distúrbios que acometiam os mecanismos anatomofuncionais do aparelho fonoarticulatório. Dessa forma, suas intervenções estavam pautadas muito mais no treinamento da fala do que na intervenção sobre os processos de linguagem. A partir das décadas de 1970 e 1980, há uma aproximação da Fonoaudiologia com os saberes da Linguística Gerativa[1] e, assim, as práticas fonoaudiológicas passam a se voltar para a caracterização e compreensão de um objeto de estudo diferente do aparato vocal. Esse novo objeto de estudo se constitui pelos diferentes Distúrbios da Linguagem, que passam a ser analisados sob as hipóteses da Teoria Gerativa (Rocha, 2007). Nesse sentido, as práticas fonoaudiológicas se voltam, então, para o ensino da estrutura da língua àquele que não a produz de acordo com o esperado para os falantes com desenvolvimento típico ou de acordo com a gramática de sua língua. Finalmente, em torno das décadas de 1980 e 1990, passa a haver também, nos discursos fonoaudiológicos, uma compreensão da clínica a partir de uma concepção sociointeracionista,[2] na qual se entende a interação com o outro, mediada pela linguagem, como um fator constituinte do sujeito humano (Freire, 2002).

Essas abordagens teóricas estabelecem diferentes concepções para a linguagem humana. A Teoria Gerativa parte do pressuposto de que as crianças seriam dotadas de um dispositivo de aquisição da linguagem e de conhecimento linguístico inatos, que as capacitaria para a aquisição da linguagem, tendo o ambiente um papel secundário nesse processo. Esse pressuposto não é compatível epistemologicamente com uma concepção de clínica sociointeracionista, que parte da dialética para explicar os processos de aquisição de linguagem e na qual a mediação do outro tem papel fundamental. Nesse sentido, é necessário fazer uma aproximação da Fonoaudiologia com trabalhos recentes da própria Linguística, que trazem evidências empíricas que apontam para uma relação mais direta entre aspectos biológicos inatos e as práticas sociais e dialéticas, refutando alguns dos postulados das teorias de base gerativa. Essas novas concepções linguísticas formam o conjunto de teorias que se intitulam Modelos Baseados no Uso ou Modelos de Exemplares (Cristófaro Silva e Gomes, 2007, 2017). Tais modelos postulam não somente a existência de propriedades gerais inatas da cognição humana, como também, e principalmente, o uso da linguagem na interação com o outro como fundamentais para o processo de aquisição de linguagem. E ainda, pressupõem que a representação abstrata da linguagem emerge de forma gradual, ao longo do desenvolvimento da criança, e que a aquisição lexical tem um papel importante na emergência do conhecimento linguístico (Bates e Goodman, 1999). O léxico emergente se organiza em redes de conexões dinâmicas e não como uma lista, tal qual é proposto pelos modelos gerativistas (Bybee, 1995; 1998). Dessa forma, conjugando os pressupostos teóricos dos Modelos Baseados no Uso na abordagem sociointeracionista da clínica fonoaudiológica, é possível estabelecer uma ligação entre as intervenções terapêuticas, pautadas na interação, e as análises cognitivas, também necessárias na clínica da linguagem, acerca das representações linguísticas estabelecidas pela criança com algum distúrbio.

Neste capítulo, são apresentados os resultados de pesquisa que observou o conhecimento fonológico de crianças com diagnóstico de dislexia e respectivos controles – crianças com desenvolvimento típico (Esteves, 2013), que, de acordo com a literatura fonoaudiológica, se caracterizam por apresentar um déficit fonológico (Yavas et al., 1991; Santos e Navas, 2002; Befi-Lopes, 2004) –, com o objetivo de refletir sobre a natureza de tais déficits. O estudo desenvolvido em Esteves (2013) incluiu também crianças com diagnóstico de distúrbio fonológico e distúrbio especifico da linguagem.

A questão relativa ao tipo de conhecimento fonológico em crianças com dislexia é bastante debatida na literatura sobre esse grupo clínico. Alguns autores atribuem as dificuldades de acesso lexical dessas crianças, observadas em situação de teste (Siegel, 1993; Manis et al., 1997; Faust et al., 2003), a déficits de representação fonológica, muito embora não haja nenhuma menção na literatura de que crianças disléxicas tenham problemas de desempenho na fala espontânea, conforme em Esteves (2009) e Esteves e Gomes (2009).

DISLEXIA: DIFICULDADE DE REPRESENTAÇÃO OU DE PROCESSAMENTO LINGUÍSTICO?

A dislexia é caracterizada pela literatura como um transtorno específico de leitura que acomete o percurso natural de aprendizagem da leitura no desenvolvimento infantil. Essa dificuldade específica para aprender a ler ocorre, geralmente, na ausência de outras alterações cognitivas, linguísticas, neurológicas, motoras, ambientais, emocionais e sociais. A criança possui um desenvolvimento adequado, porém com uma dificuldade específica para ler, que se manterá ao longo de sua vida, apesar de intervenções adequadas. Como muitas outras alterações relacionadas à linguagem, é mais comum acometer meninos do que meninas, sendo a prevalência, na população geral, estimada em torno de 3% a 10% (Bishop e Snowling, 2004).

No que diz respeito à etiologia da dislexia, atualmente se encontra presente, na literatura, principalmente duas vertentes de investigação: (i) a dos fatores neurobiológicos, conduzida principalmente por médicos e neuropsicólogos que se propõem a investigar as disfunções cerebrais que estariam subjacentes à inabilidade na aprendizagem da linguagem escrita; e (ii) a dos fatores funcionais, que lida com a caracterização dos déficits cognitivos relacionados aos processos de leitura e escrita (Salles et al., 2004).

Com relação às classificações, as mais tradicionais se baseiam nas rotas de leitura preferencialmente utilizadas por cada subtipo de dislexia (Ellis, 1995). De uma forma geral, há aqueles leitores com dislexia cuja principal dificuldade é com habilidades fonológicas, prejudicando a utilização da rota fonológica de leitura, na qual há a utilização de processos de síntese e segmentação fonológicas dos itens lexicais. Esse perfil é posto em oposição àquele cujos leitores possuem dificuldades de processamento visual, e consequentemente, com a rota lexical de leitura, na qual o acesso ao léxico visual, já representado na memória de longo prazo, é utilizado. E há ainda descrito um terceiro perfil, cujas dificuldades englobariam tanto a rota fonológica como a lexical, sendo este o grupo mais comprometido.

No entanto, Manis et. al. (1996) e Stanovich, Siegel e Gottardo (1997) argumentam que a dislexia relacionada com o processamento da rota lexical estaria mais próxima de um atraso no desenvolvimento da leitura do que de um distúrbio propriamente dito, uma vez que, quando comparadas a crianças com mesmo nível de leitura, as crianças do grupo de dislexia visual (ou de superfície) apresentam desempenho bastante semelhante em outras medidas, enquanto os de dislexia fonológica evidenciam várias diferenças significativas. Os autores ainda acrescentam que poderia ser a falta de exposição à linguagem escrita o fator causal do aparecimento da dislexia visual. Assim, ao invés de pensar que essas crianças possuem um mecanismo lexical de reconhecimento de palavras alterado, deve-se pensar que elas não apresentam representações estáveis da forma escrita das palavras, que são normalmente adquiridas e reforçadas pelo ato repetido de ler. O grupo observado em Esteves (2013) é o de crianças diagnosticadas com dislexia fonológica, isto é, que, de acordo com a literatura, se caracterizam por apresentar dificuldades nas habilidades fonológicas, isto é, de identificação da estrutura abstrata dos itens lexicais.

Importante também é diferenciar a dislexia, também chamada de *distúrbio específico de leitura*, de outras dificuldades que as crianças possam vir a apresentar em seus processos de alfabetização e que culminem também no fracasso da aprendizagem da leitura. Nesse caso, as dificuldades dizem respeito a fatores ambientais, sociais, emocionais, ou ainda a dificuldades linguísticas mais amplas, que extrapolam a dimensão fonológica da linguagem. A dislexia é, portanto, um transtorno que acomete especificamente habilidades fonológicas que permitirão à criança a aprender a ler e a escrever.

Atualmente, uma definição bem conhecida e difundida a respeito da dislexia é a do Orton Dyslexia Society Research Committee (www.

interdys.org), segundo a qual a dislexia é um distúrbio específico da linguagem de origem constitucional, caracterizada por dificuldades na decodificação grafo-fonológica de palavras isoladas, causada por uma ineficiência no processamento da informação fonológica. Tais dificuldades na decodificação de palavras são, geralmente, inesperadas em relação à idade e às outras habilidades cognitivas e acadêmicas, e não o resultado de um distúrbio geral do desenvolvimento ou de qualquer impedimento sensorial.

Apesar de essa definição se pautar no *processamento da informação fonológica*, conforme na literatura em geral, parece não haver clareza com relação à natureza desse déficit fonológico. Alguns autores definem que o déficit é decorrente de representações fonológicas alteradas, como Santos e Navas (2002). Os autores, após extenso levantamento bibliográfico, concluem que a principal causa dos déficits de processamento fonológico, encontrados nos disléxicos, está relacionada à dificuldade de estabelecimento de representações fonológicas de boa qualidade. Da mesma maneira, Fowlert e Swainson (2004) afirmam que a imprecisão no conhecimento fonológico, especialmente relacionado a palavras longas, contribui para que as crianças disléxicas apresentem dificuldades tanto na leitura como em testes de nomeação de figuras.

Outros autores defendem que a questão é de processamento fonológico, como Siegel (1993), que afirmou, a partir de testes de leitura, soletração e inteligência, que as habilidades de processamento fonológico estão largamente relacionadas com as habilidades de leitura, sendo este o principal déficit das crianças com dislexia. Manis et al. (1997) também defendem a hipótese do papel do processamento a partir dos resultados obtidos na aplicação de testes de consciência fonológica e identificação de fonemas em crianças disléxicas, em crianças da mesma idade cronológica e em crianças com mesmo nível de leitura. Os autores afirmam que o desempenho das crianças disléxicas foi pior do que o desempenho das crianças com mesma idade cronológica, mas não se diferenciou do desempenho das crianças com mesmo nível de leitura. Concluíram, então, que as crianças disléxicas podem possuir um déficit perceptual que estaria interferindo no processamento da informação fonológica, apesar do fato de que esse déficit perceptual provavelmente pode afetar também a representação fonológica.

Outros não definem exatamente como é a dicotomia entre representação e acesso, como Snowling (1981), que demonstrou que disléxicos são afetados pela complexidade fonológica do estímulo, tanto em teste de leitura de pseudopalavras como em teste de repetição de palavras e pseudopalavras. Para a autora, esses resultados sugerem um déficit fonêmico, embora não explicite exatamente o tipo de comprometimento em relação à representação e/ou ao acesso às informações fonológicas. Em um trabalho mais recente, Bishop e Snowling (2004: 858) afirmam ser crescente o número de estudos apontando que a maioria das crianças com dislexia se caracteriza por apresentar maiores dificuldades no processamento fonológico, isto é, na categorização dos sons que compõem o item lexical, e em relacioná-los à forma ortográfica da palavra. E também Stanovich e Siegel (1994), a partir de evidências de teste de leitura, de repetição de pseudopalavras e diferentes tarefas de consciência fonológica, concluíram que o déficit que prejudica o reconhecimento da palavra na leitura de pessoas com dislexia reside no domínio fonológico, porém não especificam a natureza desse domínio.

Ainda há aqueles que delegam toda a natureza do déficit encontrado nos disléxicos a habilidades de consciência fonológica, ou seja, habilidades de manipulação das informações fonológicas dos itens lexicais. Por exemplo, Rispens (2004) afirma que crianças disléxicas têm dificuldades na consciência fonológica e conclui que essa dificuldade pode indicar que a dislexia tem relação com a qualidade das representações fonológicas estabelecidas por elas. Há ainda autores que preconizam uma alteração no processamento de forma mais geral, resultando em diferentes manifestações, como dificuldades na consciência fonológica, em nomeação, em memória fonológica, na repetição de não palavras, na percepção e discriminação de fonemas (Morton e Frith, 1995; Bowey et. al., 2005).

De uma maneira geral, parece que, mesmo sem definir exatamente a questão representação/processamento, a grande maioria dos trabalhos atribui todas essas diferentes manifestações (dificuldade em consciência fonológica, nomeação, memória fonológica etc.) a um déficit fonológico apresentado pelos disléxicos. Em função disso, Esteves (2009), em estudo com crianças com diagnóstico de dislexia, observou tanto o acesso lexical, através de teste de nomeação de figuras, como as substituições, nos casos de falha no acesso. As crianças dos dois grupos, com diagnóstico de dislexia e desenvolvimento típico, foram pareadas em idade e apresentaram o mesmo tamanho de léxico, conforme o escore obtido no teste Peabody (Dunn e Dunn, 1997), que avalia o vocabulário receptivo (reconhecimento de palavras) dos falantes. O estudo mostrou que as crianças disléxicas apresentam mais falhas de acesso lexical que as crianças-controle. No entanto, nos dois grupos, as substituições foram da mesma natureza, o que levou à conclusão de que as crianças com dislexia não apresentam déficit de representação das formas das palavras no léxico. Os resultados indicaram, portanto, que a dificuldade dos disléxicos parece residir muito mais no acesso à forma sonora da palavra no léxico, e não em déficit de sua representação propriamente dita. Nesse trabalho, verificou-se também que o teste de nomeação de figuras se mostrou adequado para estudar o acesso lexical, mas não tão adequado para avaliar o acesso a representações abstratas das formas sonoras das palavras pelas crianças (Esteves e Gomes, 2009), o que foi revisto em Esteves (2013).

Portanto, sumarizando, o que se entende por dislexia atualmente é que se trata de um transtorno *específico* de leitura, que se apresenta na ausência de quaisquer fatores orgânicos, neurológicos, cognitivo-linguísticos gerais, emocionais, sociais ou motores. A etiologia orgânica ainda não foi definida, apesar de os estudos apostarem em disfunções neurofisiológicas e neuroanatômicas determinadas geneticamente, que acarretam em dificuldades no processamento ou representação fonológica. Não são descritos déficits linguísticos mais amplos, como lexicais, sintáticos, entre outros, somente as dificuldades fonológicas, que são evidenciadas por diversas inabilidades, como dificuldades de decisão lexical auditiva (Esteves e Maia, 2006), de repetição de pseudopalavras (Bree et al., 2007), de nomeação automatizada rápida (Wolf e Bowers, 1999) e nomeação de figuras (Esteves, 2009), dificuldades de consciência fonológica (Rispens, 2004), entre outras.

Ainda, faz-se necessário situar a dislexia em relação a outras patologias da linguagem, como o distúrbio fonológico e o distúrbio específico de linguagem. Embora inicialmente tais patologias da linguagem tenham sido descritas como distúrbios completamente distintos, atualmente observa-se uma tendência a se investigar as diferenças e semelhanças entre as mesmas (Bishop e Snowling, 2004).

Principalmente entre dislexia e distúrbio específico de linguagem, há uma série de características descritas na literatura que se sobrepõem. Diversos pesquisadores tentam descrever marcadores genéticos e/ou neurobiológicos para ambos os quadros (Hage e Guerreiro, 2004; Shaywitz, 2006), assim como alterações persistentes e específicas à linguagem também são descritas em ambos os quadros (Santos e Navas, 2002; Befi-Lopes, 2004). Ainda, alterações fonológicas, sejam elas de processamento ou de representação, são descritas não só na dislexia e no distúrbio específico de linguagem, mas também no distúrbio fonológico (Santos e Navas, 2002; Befi-Lopes, 2004, 2009; Befi-Lopes et al., 2010; Wertzner, 2004). Por fim, dificuldades relacionadas à linguagem escrita são apresentadas como dificuldades específicas da dislexia, mas também são encontradas alterações dessa natureza em crianças com distúrbio fonológico (Mota, 2001) e com distúrbio específico de linguagem (Bishop e Snowling, 2004).

Em função dessa sobreposição de características, alguns autores defendem a ideia de que dislexia e distúrbio específico de linguagem seriam dois extremos do *continuum* de um mesmo distúrbio, sendo a dislexia o caso mais leve, enquanto distúrbio específico de linguagem seria o mais severo (Tallal et al., 1997). No estudo de Bree et. al. (2007), com base na repetição de pseudopalavras, os autores concluíram que o desempenho demonstrado nesta habilidade é um preditor para ambas as patologias.

Bishop e Snowling (2004) também investigaram a relação entre dislexia e distúrbio específico de linguagem, indagando se os trabalhos neste campo devem abandonar a distinção entre tais patologias ou se há necessidade de manter alguma diferenciação. As autoras argumentam que trabalhos que tentam convergir dislexia e distúrbio específico de linguagem em um mesmo *continuum*, somente com graus de severidade diferenciados, subestimam a influência das dificuldades semânticas e sintáticas presentes nas crianças com distúrbio específico de linguagem e a forma como essas alterações afetam, de maneiras distintas da dislexia, a leitura proficiente. Nesse sentido, elas propõem um modelo bidimensional para explicar as relações entre dislexia e distúrbio específico de linguagem, que leva em consideração as habilidades fonológicas e não fonológicas. Desse modelo, resultariam quatro grupos de crianças:

(i) crianças sem alteração: habilidades fonológicas boas + habilidades não fonológicas boas; (ii) crianças com dislexia: habilidades fonológicas ruins + habilidades não fonológicas boas; (iii) maus leitores: habilidades fonológicas boas + habilidades não fonológicas ruins; e, por fim, (iv) crianças com distúrbio específico de linguagem: habilidades fonológicas ruins + habilidades não fonológicas ruins. Dentro desse modelo, as crianças com distúrbio fonológico seriam descritas da mesma forma que as crianças com dislexia: habilidades fonológicas ruins + habilidades não fonológicas boas.

No entanto, esse modelo não parece resolver por completo a questão. Argumenta-se, em Esteves (2013), que uma análise realizada a partir de um modelo explicativo de linguagem que pressuponha a existência de diferentes tipos de conhecimento fonológico, como na proposição dos Modelos Baseados no Uso, ou Modelos de Exemplares, pode trazer elucidações a respeito das diferentes características de cada uma dessas patologias. Segundo esses modelos, a representação das formas sonoras das palavras no léxico inclui o detalhe fonético do qual emergem as abstrações relacionadas à sílaba, segmentos, relações fonotáticas e morfofonológicas. Há, portanto, relação entre a emergência do conhecimento fonológico e a aquisição lexical. Os trabalhos de Beckman et al. (2007) e Munson et al. (2010) apresentaram evidências de que esses níveis podem se desenvolver independentemente, já que crianças com distúrbio fonológico parecem apresentar dificuldades na representação do detalhe fonético fino das palavras, mas não das representações abstratas, ao passo que crianças com distúrbio específico de linguagem apresentam um déficit de representação dos padrões abstratos, caracterizando, assim, déficits fonológicos de naturezas distintas. Já o estudo de Esteves (2013) mostrou que as crianças com dislexia têm a mesma habilidade de processamento de padrões fonológicos abstratos que as crianças com desenvolvimento típico, não apresentando, portanto, um déficit de representação dessas informações.

Em Esteves (2013), as habilidades fonológicas das crianças com diagnóstico de dislexia foram avaliadas em função do desempenho em teste de repetição de pseudopalavras, em comparação com o desempenho de crianças com desenvolvimento típico do grupo-controle. Essa análise traz contribuições importantes para pensar as características clínicas de cada patologia, assim como corroborar ou refutar os pressupostos da abordagem da Fonologia a partir da perspectiva dos Modelos de Exemplares ou Modelos Baseados no Uso. A hipótese foi de que diferenças no tamanho do léxico das crianças atestariam diferenças nos desempenhos fonológicos, tal como proposto nos Modelos de Exemplares, que postulam uma relação entre léxico e emergência do conhecimento linguístico.

HIPÓTESES E MÉTODO DE TRABALHO

O estudo de Esteves (2013) adota os pressupostos teóricos dos Modelos Baseados no Uso, ou Modelos de Exemplares, segundo os quais o conhecimento linguístico é o resultado da relação entre aspectos inatos da cognição e a experiência do indivíduo com a língua. De acordo com os Modelos Baseados no Uso, o conhecimento fonológico é organizado em função de diferentes tipos e graus de abstração (Bybee, 2001; Pierrehumbert, 2003; 2016), e é também concebido como probabilístico. Segundo Pierrehumbert (2003; 2016), evidências de estudos experimentais, da Sociolinguística e da Linguística Histórica, sustentam a hipótese de que as representações das formas sonoras das palavras no léxico contêm informações fonéticas detalhadas, que incluem propriedades fonéticas específicas e informação indexical, como sexo, idade, variedade regional, por exemplo, das quais emergem as abstrações (unidades de codificação fonológica). O conhecimento linguístico é entendido como emergente e a experiência com a língua afeta as representações. Assim, memórias fonéticas detalhadas vão sendo acumuladas e generalizações são estabelecidas a partir dessas representações. Nesse sentido, para avaliar as características do conhecimento fonológico das crianças com dislexia e respectivos controles, crianças com desenvolvimento típico e pareadas em idade, mostrou-se necessária a utilização de diferentes testes e medidas que acessassem esses diferentes tipos de conhecimento.

Diversos autores têm apontado a relação entre léxico e emergência do conhecimento fonológico (Ferguson e Farwell, 1975; Bates e Goodman, 1999; Storkel e Morrisette, 2002; Vihman e Kunnari, 2006; Beckman, Munson e Edwards, 2007; entre outros). Segundo Pierrehumbert (2003), o léxico de um adulto é de tamanho suficiente para conferir robustez a qualquer representação. De acordo com Frisch, Large e Pisoni (2000), o léxico provê a base de uma competência fonológica emergente que é usada no processamento fonológico. Os autores apresentam evidências que sustentam essa afirmação a partir do comportamento avaliado de falantes do inglês em tarefas que envolvem julgamento de aceitabilidade e reconhecimento de não palavras.

A tarefa de repetição de não palavras tem sido utilizada em diversos estudos para acessar o conhecimento de padrões abstratos de falantes de população típica e atípica. Segundo Gomes et al. (2015), o uso de não palavras,[3] ao invés de palavras da língua, fornece informações a respeito das habilidades do falante de processamento dos estímulos tanto em relação ao conhecimento de unidades abstratas quanto às relacionadas ao detalhe fonético. A acurácia de repetição associada a medidas de tamanho do léxico podem revelar se essas habilidades estão sendo desenvolvidas ou foram estabelecidas, respectivamente, em crianças e adultos. Beckman, Munson e Edwards (2007), em estudo com crianças diagnosticadas com distúrbio específico de linguagem e com distúrbio fonológico, comparadas a crianças com desenvolvimento típico de mesma idade e mais novas, utilizando um teste de repetição de não palavras, observaram que as crianças com distúrbio fonológico, adquirindo o inglês, não apresentaram discrepância em relação às crianças com desenvolvimento típico no efeito de probabilidade fonotática do estímulo, diferentemente do observado para as crianças com distúrbio específico de linguagem. Nesse estudo, os estímulos eram formados exclusivamente com difones de alta probabilidade de ocorrência ou exclusivamente com difones de baixa probabilidade no inglês. Já no teste que mensurava a acuidade perceptual auditiva, as crianças com distúrbio fonológico apresentaram um desempenho semelhante ao da população mais nova com desenvolvimento típico e significativamente pior do que o desempenho dos pares de mesma idade também com desenvolvimento típico. Esses resultados evidenciaram que as crianças com distúrbio fonológico possuem representações menos robustas da codificação perceptual do detalhe fonético presente na fala, e, consequentemente, com significativo atraso em relação às crianças da mesma idade com desenvolvimento típico, mas apontam para uma preservação das informações fonológicas abstratas. Assim, a produção de consoantes não encontradas na língua-ambiente, neste grupo clínico, tal como descrito em Mota (2001), pode ser entendida como resultante da dificuldade com a codificação perceptual do sinal acústico de fala, tal como mostram Beckman, Munson e Edwards (2007).

Munson et al. (2005), ao falarem dos tipos de conhecimento afetados nas crianças com distúrbio fonológico, reúnem trabalhos que evidenciam as dificuldades com o conhecimento perceptual e articulatório – por exemplo, discriminar os sons iniciais /s/ e /ʃ/ nas palavras ou apresentar gestos motores indiferenciados para diferentes plosivas como /t/ e /k/ – assim como dificuldades com o conhecimento sobre a variação sociofonética da língua. No entanto, segundo os autores, também não há nenhuma evidência de que crianças com distúrbio fonológico possuam dificuldades com as categorias fonológicas abstratas. Essa conclusão se sustenta em resultados de diferentes testes padronizados, que visam medir tamanho de vocabulário, conhecimento perceptual e articulatório, além do teste de repetição de pseudopalavras, utilizado em Edwards et al. (2004). Os resultados mostraram que as crianças com distúrbio fonológico obtiveram desempenho pior do que as crianças com desenvolvimento típico no teste de repetição de palavras em função da sua fala menos acurada. No entanto, o efeito da frequência de ocorrência das sequências de segmentos componentes das não palavras foi o mesmo para ambos os grupos. Além disso, foi possível estabelecer a influência do tamanho do vocabulário no efeito de frequência de ocorrência dos componentes dos estímulos – quanto maior o tamanho do léxico, menor o efeito – e dissociar as medidas de conhecimento perceptual e articulatório do efeito de frequência. Posteriormente, Munson et al. (2010) descrevem três experimentos distintos elaborados com o intuito de avaliar os diferentes tipos de conhecimento fonológico de crianças com distúrbio fonológico em comparação com seus pares cronológicos. Os autores observaram que as crianças com distúrbio fonológico não se diferenciaram das crianças com desenvolvimento típico em termos da velocidade de acesso lexical e da capacidade de codificação fonológica. No entanto, elas se mostraram com habilidades reduzidas para aprender as representações perceptuais de novas palavras. Ou seja, as dificuldades das crianças com distúrbio fonológico parecem se centrar nas representações paramétricas do detalhe fonético do item lexical, e não nas informações abstratas que emergem dessas representações.

Os dois grupos de crianças do estudo de Esteves (2013), disléxicas e controles, foram submetidos ao teste de Nomeação de Figuras e à tarefa de repetição de pseudopalavras. O teste de Nomeação de Figuras foi adaptado de Esteves (2009), constituído por 36 figuras que se diferenciam entre si em função da frequência de uso das palavras (alta e baixa) e do tamanho das palavras (dissílabos e polissílabos). Esse teste foi elaborado com a finalidade de avaliar a acurácia fonético-articulatória de produção de palavras do português brasileiro, assim como a capacidade de acesso lexical das crianças. As palavras do teste encontram-se no Apêndice I. Já o teste de Repetição de Pseudopalavras (Apêndice II) é constituído por 30 pseudopalavras que se diferenciam em função (i) da frequência de ocorrência das sílabas que compõem os estímulos: itens compostos somente por sílabas de alta frequência e itens compostos somente por sílabas de baixa frequência no PB, e (ii) do tamanho do estímulo (dissílabos, trissílabos e de quatro sílabas). Esse teste foi elaborado a partir da metodologia de Frisch et al. (2000), com o objetivo de avaliar a representação de padrões sonoros abstratos constituintes das pseudopalavras, e presentes nas palavras do PB, em função da frequência fonotática dos seus segmentos em sílaba CV, formada por consoante e vogal, e do seu tamanho, medido em função do número de sílabas. A frequência das sílabas foi obtida a partir da base de dados do Projeto ASPA da UFMG (www.projetoaspa.org), conforme descrito em Gomes et al. (2015).

Ainda, além destes testes experimentais, também foram aplicados outros dois testes padronizados, que são utilizados rotineiramente por fonoaudiólogos e também em estudos psicolinguísticos, a fim de caracterizar o grupo em função da memória de trabalho e do léxico. São eles, respectivamente, teste Illinois de Habilidades Psicolinguísticas (ITPA) – subteste 5 Memória Sequencial Auditiva (Bogossian e Santos, 1977) e teste de vocabulário receptivo Peabody III (Dunn e Dunn, 1997).

Foram observadas sete crianças com diagnóstico de dislexia e sete crianças com desenvolvimento típico, pareadas pela idade cronológica com as crianças do grupo clínico. O sexo/gênero das crianças não foi controlado para fins de análise.

A aplicação dos testes foi realizada individualmente, na própria sala de atendimento fonoaudiológico, no horário de atendimento da criança (quando permitido pelos pais) ou em horários extras, previamente agendados pela pesquisadora, com o consentimento da fonoaudióloga e dos pais. Já no grupo das crianças com desenvolvimento típico, as avaliações ocorreram no período da tarde (fora do horário das atividades formais da escola), em sala predeterminada pela direção da escola, sendo esta silenciosa, na qual foi possível a realização da avaliação de forma individual.

Para ambos os grupos, a aplicação de todos os testes ocorreu em apenas uma sessão e a ordem de aplicação dos testes não variou, sendo a seguinte: (i) teste de memória sequencial auditiva (Bogossian e Santos, 1977); (ii) teste de vocabulário receptivo (Dunn e Dunn, 1997); (iii) teste de nomeação de figuras; e, por fim, (iv) teste de repetição de pseudopalavra. A duração média de cada teste foi de 10 minutos, com pequenas variações entre os diferentes sujeitos, resultando em sessões médias de 40-50 minutos. Todas as sessões foram gravadas em aparelho digital Sony NWD-B103F para que as falas das crianças pudessem ser posteriormente transcritas, quantificadas e analisadas.

RESULTADOS

As Tabelas 1 e 2 a seguir apresentam, respectivamente, a caracterização dos dois grupos-alvo do estudo, disléxicos e respectivos controles, com relação à distribuição das crianças quanto à idade e gênero em cada grupo e as medidas descritivas (média, valores mínimos e máximos, e desvio padrão) da distribuição por idade em cada grupo, respectivamente.

Tabela 1 – Distribuição das crianças quanto a idade (meses) e gênero

Sujeito	Gênero	Idade	GCo	GCl	Idade	Gênero	Sujeito
1	Masculino	141	DTdis	DIS	140	Feminino	19
2	Feminino	133	DTdis	DIS	131	Masculino	20
3	Masculino	126	DTdis	DIS	126	Feminino	21
4	Masculino	119	DTdis	DIS	117	Feminino	22
5	Feminino	111	DTdis	DIS	114	Feminino	23
6	Masculino	111	DTdis	DIS	110	Masculino	24
7	Feminino	110	DTdis	DIS	109	Feminino	25

Legendas: GCo = grupo-controle; DTdis = desenvolvimento típico pareado com DIS; DIS = dislexia
Fonte: adaptado de Esteves (2013: 81).

Conhecimento fonológico em crianças com dislexia

Tabela 2 – Medidas descritivas da distribuição por idade

Grupos	N	Média (meses)	Mínimo (meses)	Máximo (meses)	DP (meses)
DTdis	7	121,57	110	141	12,191
DIS	7	121,00	109	140	11,662

Legendas: DTdis = desenvolvimento típico pareado com DIS; DIS = dislexia; DP = desvio padrão

Fonte: adaptado de Esteves (2013: 82).

Conforme pode ser observado na Tabela 1, as crianças dos dois grupos foram pareadas em idade e a distribuição por gênero não foi controlada como parâmetro de análise, como mencionado anteriormente. Conforme mostra a Tabela 2, a faixa etária do grupo-controle variou de 110 a 141 meses de idade (entre 9 e 12 anos), com desvio padrão de 12,191, enquanto o grupo dos disléxicos variou de 109 a 140 meses de idade, com desvio padrão de 11,66.

Essa distribuição da faixa etária se deve a características próprias de cada entidade nosológica. O diagnóstico de dislexia, por exemplo, só é confirmado caso a criança persista com dificuldades no processo de alfabetização, mesmo após dois anos de instrução formal da linguagem escrita. Ou seja, mesmo que as crianças que apresentem dificuldades escolares sejam encaminhadas pela escola precocemente para o tratamento, esse diagnóstico, em geral, é dado somente a partir dos 8-9 anos de idade.

As Tabelas 3 a 6 a seguir apresentam as medidas descritivas (média, valores mínimos e máximos, e desvio padrão) do desempenho nos quatro testes aplicados para cada grupo de crianças. O teste de memória sequencial auditiva avalia a memória de trabalho e resulta em um escore padronizado que varia de 0 a 40. O teste de vocabulário receptivo avalia o tamanho do léxico e resulta em um escore padronizado que varia de 0 a 177. Nesses dois testes padronizados, os escores variam em função da idade. O teste de nomeação de figuras foi analisado aqui como um teste de acurácia de nomeação de palavras do português brasileiro e resulta em um escore elaborado experimentalmente que varia entre 0 e 1. Por fim, o teste de repetição de pseudopalavras também foi analisado em termos da acurácia e também resulta no mesmo escore elaborado experimentalmente neste estudo, que varia de 0 a 1.[4]

71

Fonologia na perspectiva dos Modelos de Exemplares

Tabela 3 – Medidas descritivas dos escores de memória sequencial

Grupos	N	Média	Mínimo	Máximo	DP
DTdis	7	27,29	18	37	6,751
DIS	7	22,14	13	30	5,872

Legendas: DTdis = desenvolvimento típico pareado com DIS; DIS = dislexia; DP = desvio padrão
Fonte: adaptado de Esteves (2013: 84).

Na Tabela 3, observa-se que, o grupo-controle apresentou uma média de escore no teste de Memória Sequencial de 27,29, sendo o mínimo 18 e máximo 37, enquanto o grupo de disléxicos apresentou uma média de escore 22,14, sendo o mínimo 13 e máximo 30.

Já os escores obtidos no teste de vocabulário receptivo, apresentados na Tabela 4, indicam uma média de 131,14 para o grupo-controle, com mínimo de 112 e máximo de 153 e média de 122,00, no grupo dos disléxicos.

Tabela 4 – Medidas descritivas dos escores de vocabulário receptivo

Grupos	N	Média	Mínimo	Máximo	DP
DTdis	7	131,14	112	153	17,257
DIS	7	122,00	109	146	12,247

Legendas: DTdis = desenvolvimento típico pareado com DIS; DIS = dislexia; DP = desvio padrão
Fonte: adaptado de Esteves (2013: 85).

Tabela 5 – Medidas descritivas dos escores de nomeação de figuras

Grupos	N	Média	Mínimo	Máximo	DP
DTdis	7	1,00	1	1	0,004
DIS	7	0,99	0,98	1	0,011

Legendas: DTdis = desenvolvimento típico pareado com DIS; DIS = dislexia; DP = desvio padrão
Fonte: adaptado de Esteves (2013: 85).

Conforme a Tabela 5, os escores de desempenho no teste de nomeação de figuras (que avaliou a acurácia de produção de palavras da língua) foram: média de 1, para o subgrupo DTdis, e não havendo variação entre os valores mínimos e máximos, e média de 0,99 para os disléxicos, com mínimo de 0,98 e máximo de 1,00.

E, finalmente, conforme demonstrado na Tabela 6 a seguir, obteve-se no teste de repetição de pseudopalavras as médias de escore de acurácia de repetição de 0,9886, sendo o mínimo 0,98 e máximo 1,00 para o grupo-controle, e média de escore 0,9829, sendo o mínimo 0,97 e máximo 0,99 para os disléxicos.

Conhecimento fonológico em crianças com dislexia

Tabela 6: Medidas descritivas dos escores de repetição de pseudopalavras

Grupos	N	Média	Mínimo	Máximo	DP
DTdis	7	0,9886	0,98	1,00	0,00690
DIS	7	0,9829	0,97	0,99	0,00756

Legendas: DTdis = desenvolvimento típico pareado com DIS; DIS = dislexia; DP = desvio padrão
Fonte: adaptado de Esteves (2013: 86).

As medidas descritivas apresentadas nas Tabelas de 3 a 6 foram submetidas à análise estatística. Os testes de memória sequencial auditiva e de vocabulário receptivo são testes padronizados e utilizados na literatura em geral. Assim, é possível analisar os escores obtidos pelas crianças em função dos escores esperados para cada faixa etária. Tal análise permite obter tanto o desempenho da criança em relação ao teste em si, como também realizar uma comparação de tais desempenhos entre os grupos. A Tabela 7, a seguir, mostra a comparação entre as médias dos escores obtidos e esperados para cada grupo, nesses dois testes e também os resultados estatísticos da comparação realizada. A estatística empregada foi o teste de Mann-Whitney para amostras não pareadas.

Tabela 7 – Médias dos escores obtidos e esperados nos testes
de memória sequencial auditiva e vocabulário receptivo,
proporção da diferença entre tais escores e medidas estatísticas

GRUPO	TESTE	MEE	MEO	%DFÇ	Valor "Z"	p-valor
DTdis	SPAM	28,43	27,29	-4,00%	-0,650	0,516
	PBDY	133,71	131,14	-1,92%	-0,384	0,701
DIS	SPAM	28,42	22,14	-22,10%	-2,003	0,045*
	PBDY	128,42	122,00	-4,90%	-1,217	0,224

Legendas: SPAM = escore do teste de memória sequencial auditiva; PBDY = escore do teste de vocabulário receptivo; MEE = média do escore esperado; MEO = média do escore obtido; %DFÇ = proporção da diferença entre os escores obtidos e esperados.
Fonte: adaptado de Esteves (2013: 87).

Os valores apresentados na Tabela 7 são indicativos de que as crianças do grupo-controle, ou seja, crianças com desenvolvimento típico, não mostraram dificuldade alguma nem na prova de memória sequencial auditiva, nem na de vocabulário receptivo, uma vez que se observa que as diferenças entre as médias de escores obtidos e as médias dos escores esperados não foram estatisticamente significativas (p = 0,516 para memória sequencial e p = 0,701 para vocabulário receptivo). Já o grupo de disléxicos apresentou, em média, escore 22,1% abaixo do esperado, no teste de memória sequencial auditiva, sendo esta diferença estatisticamente significativa (p = 0,045*), mas somente 4,9% abaixo do esperado, no teste de vocabulário receptivo, o que não representou diferença estatisticamente significativa (p = 0,224), apresentando, portanto, um desempenho semelhante aos seus pares com desenvolvimento típico. Em suma, pode-se dizer que: (i) nenhuma criança com desenvolvimento típico mostrou alteração nem de memória de trabalho nem de tamanho de léxico, estando de acordo com o esperado para a idade, e que (ii) as crianças com dislexia apresentaram dificuldades com memória de trabalho. Esses resultados estão de acordo com os estudos que têm mostrado que crianças com dislexia geralmente apresentam dificuldades com memória de trabalho, mas não com aquisição de vocabulário (Santos e Navas, 2002; Bishop e Snowling, 2004).

Com relação à acurácia na produção de palavras da língua, obtida através do teste de nomeação de figuras, os resultados do teste de Mann-Whitney mostram que não houve diferença de desempenho entre o grupo DIS e as crianças com desenvolvimento típico (DT), seus controles (Z = -1,209, p = 0,227). Essa análise estatística, em conjunto com uma análise qualitativa acerca das médias obtidas pelos diferentes grupos de crianças (DT = 1,00; DIS = 0,99), permite afirmar que não há diferença no desempenho de crianças com desenvolvimento típico e disléxicas, pareadas em idade, relativo ao grau de acurácia de produção de palavras da língua. Esses resultados estão em conformidade com o esperado, uma vez que não há, na literatura, evidência que aponte alguma dificuldade na expressão verbal de crianças com dislexia (Santos e Navas, 2002).

O teste de repetição de pseudopalavras é o segundo instrumento de testagem experimental. Esse teste foi elaborado especificamente para a pesquisa de Esteves (2013), como já descrito na metodologia. A média de escore de acurácia do grupo-controle foi de 0,987 e de 0,982 para o grupo de disléxicos. O escore alto revela que, nos dois grupos, a tendência foi de repetição quase que categoricamente como o alvo. O teste de Mann-Whitney para amostras não pareadas indicou que não houve diferença estatisticamente relevante entre o grupo DIS e seus pares de desenvolvimento típico de mesma idade (Z = -1,330, p = 0,184), ou seja, as crianças com dislexia apresentaram desempenhos equivalentes aos desempenhos das crianças com desenvolvimento típico.

No conjunto de resultados apresentados até o momento, observa-se que as crianças com dislexia, que não apresentaram nenhuma alteração de vocabulário receptivo e somente uma pequena alteração de memória sequencial auditiva, tiveram um desempenho equiparado ao desempenho das crianças com desenvolvimento típico. Assim, parece que a pequena alteração na memória de trabalho não foi suficiente para afetar o desempenho na repetição de pseudopalavras.

Também foi observado o efeito de frequência das sílabas que compõem os estímulos do teste de repetição de pseudopalavras, sendo 15 compostas inteiramente por sílabas de alta frequência e 15 compostas de sílabas de baixa frequência no português brasileiro. Como já mencionado anteriormente, de acordo com os pressupostos dos Modelos de Exemplares, analisar o efeito de frequência das sílabas que compõem cada pseudopalavra pode fornecer informações a respeito da relação entre o tamanho do léxico e a robustez das representações abstratas que, no teste em questão, dizem respeito aos segmentos e suas relações fonotáticas em sílabas formadas por consoante e vogal do PB. De acordo com Frisch, Large e Pisoni (2000), espera-se que o léxico adulto seja de tamanho suficiente para conferir robustez a qualquer representação abstrata, independentemente da frequência com que ela apareça no léxico.

Ao transpor essas hipóteses para o léxico infantil, uma questão que se coloca seria qual o tamanho de léxico que se relaciona a um desempenho das crianças semelhante ao dos adultos, isto é, sem efeito da frequência de ocorrência dos componentes dos estímulos. Assim, também foi realizada uma comparação do comportamento desses dois grupos com o de crianças com desenvolvimento típico mais jovens, que serviram como controle das outras populações clínicas do estudo de Esteves (2013). Espera-se, portanto, que crianças com mesmo tamanho de léxico apresentem o mesmo desempenho. Uma questão que se coloca, portanto, é qual o tamanho de léxico em que não será verificado efeito de frequência entre a população infantil observada.

A comparação entre as médias obtidas por cada grupo, para os estímulos compostos somente de sílabas de alta frequência de ocorrência no PB e os compostos por sílabas de baixa frequência, foi feita a partir do teste de Wilcoxon com pareamentos de dois a dois, em cada grupo de crianças. A fim de analisar o efeito de frequência nas crianças com desenvolvimento típico em função da idade, foram acrescidos os resultados obtidos de 5 crianças mais novas e 7 crianças mais velhas que compõem o grupo-controle para o estudo de outros dois grupos clínicos do estudo de Esteves (2013). Assim, as crianças do grupo-controle foram distribuídas em dois subgrupos etários: (i) 13 crianças mais velhas (faixa etária de 9 a 11 anos) e (ii) 5 crianças mais novas (faixa etária de 5 a 6 anos). As 7 crianças do grupo-controle, cujo comportamento está expresso nos resultados até agora apresentados, integram o grupo de crianças mais velhas. Assim, o comportamento dos disléxicos pôde ser equiparado ao de crianças de mesma faixa etária e ao de crianças mais novas. Os resultados gerais para efeito de frequência das sílabas componentes dos estímulos encontram-se na Tabela 8 a seguir.

Tabela 8 – Efeito de Frequência – itens sílabas +frequentes *vs.* -frequentes

Grupos	N	"z"	p-valor
DT (mais velho)	13	-0,913	0,361
DT (mais novo)	5	-2,023	0,043*
DIS (geral)	7	-1,690	0,091

Legendas: DT = desenvolvimento típico; DIS = dislexia
Fonte: adaptado de Esteves (2013: 95).

A partir dos resultados apresentados na Tabela 8, observa-se que as crianças mais velhas com desenvolvimento típico, assim como as crianças do grupo DIS, cujos léxicos apresentaram tamanhos esperados para a idade, não se mostraram sensíveis ao efeito de frequência (p-valor > 0,05). Esse resultado confirma as expectativas de que léxicos maiores fornecem suporte para o estabelecimento de representações mais robustas de unidades abstratas, deixando, assim, de apresentar efeitos de frequência das sílabas componentes dos estímulos. Ainda, observa-se que as crianças com desenvolvimento típico mais novas apresentaram uma tendência para o efeito de frequência. Essa tendência aparece, provavelmente, em função da menor robustez de padrões emergentes do léxico, resultante do tamanho de seus léxicos. Contudo, por ser somente uma tendência, evidenciada por um p-valor "limítrofe" (p = 0,043), necessitaria ser checada com um grupo maior de crianças. O estudo de Mendes (2014), com 66 crianças com desenvolvimento típico entre 5 e 12 anos, utilizando o mesmo teste de repetição de pseudopalavras, mostrou ausência de relação entre acurácia de repetição em crianças com um tamanho de léxico entre 140 e 150 pontos, replicando o resultado obtido neste estudo (ver também Mendes e Gomes, 2017).

Em suma, pode-se concluir que o tamanho do léxico parece ter sido determinante para avaliar a habilidade de repetição de pseudopalavras. Esses resultados reiteram as conclusões tanto de Munson et al. (2005) quanto de Beckman et al. (2007). Em ambos os trabalhos com crianças falantes do inglês, a partir de medidas de repetição de pseudopalavras controladas pela probabilidade fonotática dos difones, foi possível concluir que o tamanho do léxico é um preditor melhor do que a idade para avaliação do conhecimento fonológico abstrato em crianças com desenvolvimento típico e atípico.

CONSIDERAÇÕES FINAIS

Esses resultados, tomados em conjunto, permitem acessar o conhecimento fonológico dos grupos analisados, identificando se há e qual o nível ou tipo de representação afetada. As crianças com dislexia não apresentaram nenhum indício de alteração na representação e acesso a informações abstratas discretas, uma vez que elas não foram sensíveis ao efeito de frequência das sílabas componentes das pseudopalavras. Também apresentaram escores de acurácia semelhantes ao do grupo-controle na repetição de pseudopalavras, assim como também não mostraram diferença no escore que avaliou a acurácia na produção de palavras da língua. Em outros termos, o desempenho das crianças do grupo clínico no teste de pseudopalavras é indicativo de que elas estabelecem generalizações sobre as representações das palavras no léxico (Pierrehumbert, 2003; 2016) da mesma maneira que as crianças com desenvolvimento típico. Esses resultados não confirmam, portanto, os pressupostos de Santos e Navas (2002), que afirmam que a principal causa dos déficits de processamento fonológico encontrados nos disléxicos é a dificuldade de estabelecimento de representações fonológicas de boa qualidade. Contudo, os resultados apresentados reiteram o trabalho de Esteves (2009), no qual foi observado que os disléxicos apresentaram dificuldades em acessar as palavras no léxico, mas não pareciam apresentar dificuldades de representação das mesmas, assim como das informações fonológicas mais abstratas, uma vez que as substituições encontradas eram qualitativamente semelhantes às do grupo-controle.

Esses resultados, além de trazerem implicações clínicas, que podem mudar o direcionamento tradicional tanto dos processos diagnósticos como terapêuticos, também atestam a importância de se considerar a organização sonora das línguas em diferentes tipos de conhecimento, que se organizam de forma gradual ao longo do desenvolvimento em função do léxico da criança, tal como proposto pelos Modelos Baseados no Uso ou Modelos de Exemplares.

É importante ressaltar que, embora o teste repetição de pseudopalavras utilizado nesta pesquisa tenha permitido elucidar inicialmente algumas questões a respeito do conhecimento fonológico tanto das crianças com desenvolvimento típico como das crianças com transtornos de linguagem, no entanto, faz-se necessário a ampliação do mesmo para que novas investigações possam ser realizadas. Por exemplo, esse teste só levou em consideração o tipo silábico cv e o acento lexical paroxítono. Contudo, seria importante incluir no teste outros tipos silábicos e prosódicos que possibilitariam observar, ao longo do desenvolvimento infantil, como se dá a gradual abstração dessas diferentes informações que compõem os moldes ou *templates* lexicais das palavras do português brasileiro.

Por fim, também é importante refletir acerca dos limites que são impostos, na clínica da linguagem, ao se adotar determinado modelo teórico em detrimento de outro. Em função da própria definição, um modelo teórico é sempre um recorte da realidade, que lança um olhar sobre a mesma a partir de um determinado ponto de vista, delimitando-a. E, quando se fala em clínica, fala-se em trabalho vivo em ato, em que as múltiplas facetas dos processos interativos estão em jogo. Dessa forma, foi objetivo deste capítulo oferecer um olhar específico sobre uma das questões relacionadas à dislexia. Contudo, é necessário não perder de vista a multiplicidade envolvida no agir terapêutico com as crianças que não entram no mundo da linguagem de forma plena.

Conhecimento fonológico em crianças com dislexia

NOTAS

[1] Noam Chomsky conferiu o *status* de ciência cognitiva à Linguística. Durante muito tempo, a Teoria Gerativa predominou nos estudos linguísticos e, consequentemente, também na literatura fonoaudiológica. Ver Ingram (1976) para exemplo de uma aproximação da prática clínica com o modelo gerativista.

[2] Baseada na obra de Lev Vygotsky, psicólogo russo que inaugura os estudos da Psicologia Sócio-Histórica.

[3] Segundo Frisch, Large e Pisoni (2000: 482), não palavras podem conter segmentos, sílabas e combinações fonotáticos não presentes na língua-alvo ou podem ser compostas exclusivamente por padrões sonoros existentes na língua-alvo.

[4] O escore de acurácia de repetição foi proposto por Esteves (2013) e é obtido somando-se a pontuação em função da produção da criança para cada segmento dos estímulos (2 pontos = segmento igual ao alvo, 1 = segmento diferente do alvo, 0 = segmento omitido, -1 = segmento acrescido) dividida pelo total de pontos correspondente à produção como o alvo, resultando em uma escala de valores entre 0 e 1.

Apêndice I – Teste de nomeação de palavras do PB

Alfinete	Espantalho	Mesa
Bala	Espingarda	Milho
Binóculo	Ferradura	Pirâmide
Bolo	Gato	Pirulito
Borboleta	Geladeira	Rinoceronte
Bule	Harpa	Rolha
Cama	Iglu	Sabonete
Cogumelo	Jipe	Sela
Detetive	Leque	Sino
Dinossauro	Lupa	Telefone
Envelope	Maçã	Televisão
Escorrega	Mala	Vela

Apêndice II – Teste de repetição de pseudopalavras

Estímulos	Duas sílabas	Três sílabas	Quatro sílabas
Alta Frequência	ˈtʃibə ˈhadʒɪ ˈsɛbə ˈmasɪ ˈmibə	koˈpizə taˈrekʊ meˈsivə vaˈbitʊ deˈtukə	helaˈnitʊ koviˈtunə dʒimeˈrɔtə mekuˈlivə moliˈratʊ
Baixa Frequência	ˈgɔfʊ ˈʒefə ˈʃeʎʊ ˈnoʎɪ ˈzubɪ	ziˈgefə mɔˈʒepɪ guˈfoʃʊ vuˈbohɪ geˈpɔnə	ketɔˈniʃʊ givɛˈpofʊ vurɛˈhupə zeʃoˈfubɪ ʒopɛˈgefə

Conhecimento fonológico em situação de lesão cerebral adquirida: a acurácia de repetição de pseudopalavras em afásicos

Fernanda Duarte Senna

A afasia é definida como resultante de uma lesão neurológica adquirida, em geral decorrente de acidente vascular encefálico (AVE), e não de déficits sensoriais, intelectuais ou psiquiátricos (Mansur e Machado, 2004; Ortiz, 2010). Apresenta padrão bastante heterogêneo, pois pode comprometer vários aspectos da linguagem e/ou cognição. As características mais comuns que têm sido observadas no discurso oral dos afásicos são: falhas de nomeação (*anomia*), fala incompreensível (*jargão*), falhas na organização da estrutura frasal (*agramatismo*), repetição da fala do outro (*ecolalia*), repetição de uma palavra, geralmente a última produzida em contexto anterior (*perseveração*), fala interior com perda de foco (*confabulação*), repetição de uma mesma palavra, expressão ou segmento sonoro (*estereotipia*), fala emendada perdendo o foco (*digressão*), entre outras. Dentre essas, a dificuldade no acesso lexical, referida na literatura como anomia, é a manifestação linguística mais comum do discurso oral desse grupo (Pamies, Peña-Casanova e Pulido, 2005; Senna, 2013; Senna e Gomes, 2017).

Uma questão que se coloca em relação à dificuldade de acesso lexical em indivíduos afásicos é se esta também está relacionada a um comprometimento do conhecimento fonológico do falante ou das representações da forma sonora das palavras no léxico, uma vez que as substituições podem ou não preservar informações sonoras das palavras que os afásicos intentam produzir. Assim, tomando como base os pressupostos teóricos dos Modelos Baseados no Uso, ou Modelos de Exemplares, foi objetivo do estudo de Senna (2013) verificar o grau de comprometimento da habilidade de estabelecer generalizações sobre padrões sonoros abstratos a partir das palavras armazenadas no léxico, através da observação do desempenho de afásicos e controles em tarefa de repetição de pseudopalavras.[1] Este capítulo apresenta os principais resultados obtidos. Os dois grupos de participantes (afásicos e controles) também foram avaliados quanto ao acesso lexical. No estudo de Senna (2013), o acesso lexical foi verificado através de um teste de nomeação de figuras, composto de 154 figuras, selecionadas das 260 figuras originais, elaborado para essa finalidade (Snodgrass e Vanderwarts, 1980). Os resultados obtidos indicaram uma maior tendência de falha de acesso nos indivíduos afásicos, 54,4% de nomeações de acordo com o alvo, do que nos indivíduos sem lesão, 94,4% (ver também Senna e Gomes, 2017). Dessa maneira, a observação da acurácia de repetição de pseudopalavras na situação em que o grupo clínico apresenta também falha de acesso lexical pode trazer contribuição para a questão da preservação ou não das informações sobre a forma sonora das palavras no léxico.

O trabalho adota as hipóteses dos Modelos de Exemplares, relativas à organização do léxico em redes e à representação das formas das palavras. De acordo com essa modelagem, o léxico é dinâmico e flexível e os itens lexicais estão organizados em redes baseadas em similaridades semânticas e sonoras. Além disso, as representações das palavras no léxico contêm informação fonética detalhada, observada na fala, e informação abstrata relativa a padrões segmentais, silábicos e prosódicos (Bybee, 2001; Pierrehumbert, 2003, 2016).

Mendonça (2010) descreve a nomeação como busca de palavras e a dificuldade em nomear, ou seja, a anomia, ocorre devido a três mecanismos: (1) dificuldade em iniciar a articulação ou na programação oral motora, (2) deficiência no acesso lexical ou (3) déficit semântico, quando não se nomeia nem se aponta um objeto cuja imagem é apresentada ao indivíduo, ou seja, não se estabelecendo relação entre imagem e significado. A anomia se manifesta, a depender de cada quadro e do grau de comprometimento causado pela lesão, através de: a) vazios no discurso; b) criação de novas palavras com significação (neologismo); c) produção de pseudopalavras, isto é, formas que apresentam a organização sonora da língua, mas sem significado acessível; d) produção ininteligível (jargão); d) aparente repetição de um ato motor pela dificuldade de se desvincular dele e iniciar outro diferente (estereotipia); e) uso de termos genéricos (ex.: *coisa, troço, negócio* etc.); f) uso da caracterização funcional ou física para nomear (circunlocução); e g) de substituições por outro item, também referidas como parafasias. Alguns estudos mostraram que a maioria das substituições, ou parafasias, não são aleatórias e apresentam características do item-alvo, com mesmo campo semântico (parafasia semântica), como na substituição de *rinoceronte* por *hipopótamo*; semelhança sonora, mas com alterações segmentais, por substituição, adição ou omissão, e prosódicas (parafasia fonológica), como em *bartelo* por *martelo*; substituição com preservação do mesmo campo semântico e características sonoras ou morfológicas da palavra-alvo (parafasia mista), como em *ventilador* por *liquidificador*; e, ainda, substituições aleatórias, isto é, que não se enquadram nos tipos anteriormente mencionados, como em *estrela* por *cebola*[2] (Dell et al., 1997; Cuetos, 2003).

A tarefa de repetição de itens lexicais é amplamente utilizada na prática clínica de terapia fonoaudiológica. Na avaliação dessa habilidade, pode-se checar o processamento fonológico e a produção motora da fala (MTL-Brasil, 2016). Na fase de reconhecimento fonológico, na tarefa de repetição, é utilizada a mesma rede lexical da produção e, por isso, o acesso lexical sofre influência de diversos fatores, como, por exemplo, a frequência de ocorrência do item lexical (Dell et al., 1997). Já o uso de pseudopalavras para avaliar o conhecimento fonológico do falante possibilita o controle da probabilidade fonotática de seus segmentos constituintes, tipos silábicos e tamanho do estímulo, entre outros aspectos, sem sofrer influência de outros fatores, como a frequência de ocorrência dos itens, e sem perder a relação entre o sistema de análise auditivo (entrada do estímulo a ser repetido) e o nível das representações para a produção (Frisch, Large e Pisoni, 2000). Ainda, o nível semântico não seria acessado, já que não há significado associado a pseudopalavras. Seria uma conversão direta da representação fonológica ou armazenamento fonológico (*buffer* fonológico) de entrada e de saída (Ortiz, 2010). Cuetos et al. (2010) utilizam a tarefa de repetição de pseudopalavras para avaliar o mecanismo de conversão acústico-fonológica, assim como a memória verbal de curto prazo.

Os voluntários da pesquisa eram pacientes do Ambulatório de Afasia do Curso de Fonoaudiologia da UFRJ e particulares, e estavam em tratamento entre 2011 e 2012.[3] As seções a seguir apresentam os pressupostos teóricos que nortearam a pesquisa, as questões de trabalho e metodologia de coleta e análise de dados, resultados e considerações finais.

PRESSUPOSTOS TEÓRICOS

De acordo com os pressupostos teóricos dos Modelos Baseados no Uso, o léxico se organiza multidimensionalmente em redes de conexões lexicais (*network*), em função de similaridades sonoras e semânticas. Segundo essa hipótese, o léxico é flexível e dinâmico, e o uso tem impacto na representação das palavras no léxico (Bybee, 2001, 2010; Pierrehumbert, 2003, 2016). A hipótese da organização do léxico em redes de relações baseadas em similaridades entre os itens lexicais foi formulada inicialmente por Bybee (1985) e Pisoni et al. (1985). No estudo de Pisoni et al. (1985), a partir de resultados obtidos em teste de reconhecimento de palavras, utilizando a metodologia de *priming* lexical, foi observado o papel do grau de semelhança sonora entre *prime* e item-alvo. O estudo mostrou que o melhor desempenho no teste tem relação com a maior semelhança entre *prime* e alvo.[4] Além disso, os resultados corroboram a hipótese de ativação não só do alvo, mas de itens semelhantes, isto é, que compartilham semelhança sonora, trazendo evidências sobre o papel da densidade de vizinhança lexical, definida como a quantidade de itens que compartilham determinada semelhança sonora, tanto em relação à percepção quanto à produção de itens lexicais. Esse conjunto de resultados dá sustentação à hipótese de organização do léxico em redes de conexão baseadas na relação de semelhança entre itens lexicais.

Conforme tem sido observado em diversos estudos, a frequência de ocorrência dos itens lexicais também tem impacto na sua representação. Definida como a quantidade de vezes em que o item lexical ocorre em um determinado *corpus*, a frequência de ocorrência da palavra tem impacto na sua representação. De acordo com Bybee (2001, 2010, 2015), quanto mais frequente for um item lexical, mais este será acessado e sua representação será mais robusta. Evidências sobre mudança linguística têm mostrado o papel aparentemente contraditório da frequência de ocorrência. Mudanças que envolvem analogia, isto é, que envolvem regularização de paradigmas morfológicos, atingem primeiramente os itens menos frequentes, ao passo que os mais frequentes tendem a ser preservados (Bybee, 2015: 94-97). Nesse caso, é a alta frequência de uso que confere robustez às representações, preservando a forma da palavra no processo de mudança que envolve analogia. Por outro lado, se a mudança sonora tem motivação fonética (em um determinado contexto sonoro), a tendência é que as palavras mais frequentes sejam atingidas primeiramente e as menos frequentes por último ou preservadas. Essa tendência se deve ao fato de que os ajustes articulatórios se implementam no uso e, quanto mais a palavra for usada, mais estará sujeita a sofrer o ajuste (Bybee, 2015: 40-41). Já a frequência na língua de padrões abstratos, ou frequência de tipo, tem relação direta com a produtividade desses padrões, uma vez que padrões mais frequentes tendem a ser atribuídos em casos de analogia, e têm representação mais robusta (Coleman e Pierrehumbert, 1997).

De acordo com Pierrehumbert (2012, 2016), as representações das formas das palavras no léxico são de, pelo menos, dois tipos: abstratas, capturando as características como segmentos, estrutura silábica etc., e detalhadas, capturando o detalhe fonético fino presente na fala e que pode estar relacionado a padrões sociolinguísticos como sexo, idade e variedade regional (Silva e Gomes, 2017). De acordo com os pressupostos dos Modelos de Exemplares, as representações são baseadas na experiência dos falantes em ouvir e produzir os itens lexicais em diversos contextos linguísticos e sociais e as representações se estabelecem em diversos níveis de abstração. Das representações detalhadas no léxico, emergem as representações em outros níveis ou tipos. Pierrehumbert (2003) propõe uma modelagem para o conhecimento fonológico do falante envolvendo diversos tipos de conhecimentos fonológicos, não hierárquicos, que seriam emergentes dos itens lexicais representados no léxico. Os tipos ou níveis de representação propostos são (Pierrehumbert, 2003: 115-154): 1) *fonético paramétrico*, correspondente à codificação perceptual da fala e dos gestos articulatórios produzidos em um espaço acústico-articulatório; 2) *codificação fonética,* que seria abstraída do nível fonético paramétrico e definiria o inventário de sons disponíveis na língua para codificar as formas das palavras; 3) *formas das palavras no léxico,* abstrações do espaço fonético baseados na experiência do falante em ouvir e produzir os itens; 4) *gramática fonológica,* incluindo a estrutura prosódica e a fonotática, emergente das generalizações sobre a forma das palavras no léxico; 5) *correspondências morfofonológicas,* abarcando as alternâncias que envolvem generalizações das relações de significado e forma entre as palavras.

Os Modelos de Exemplares, ou Modelos Baseados no Uso, também propõem que o falante é dotado de conhecimento linguístico probabilístico (Pierrehumbert, 2003; Beckman, Munson e Edwards, 2007; Saffran, Aslin e Newport, 1996). Com relação à organização do conhecimento sonoro dos falantes, é importante levar em conta a probabilidade fonotática, probabilidade que certos padrões sonoros têm de ocorrer na língua, e não somente as restrições de ocorrência (Coleman e Pierrehumbert, 1997; Frisch, Large e Pisoni, 2000). As relações fonotáticas se referem à combinação dos segmentos em estruturas maiores em uma determinada língua. Frisch, Large e Pisoni (2000) apresentam evidências, resultantes de tarefas de julgamento de *wordlikeness* (grau de semelhança entre pseudopalavras e palavras da língua inglesa) e de reconhecimento de pseudopalavras, de que o comportamento dos falantes se baseia na frequência dos difones constituintes dos estímulos. Os estímulos formados por sequências de sons com alta frequência de ocorrência no inglês foram mais bem avaliados em relação ao grau de semelhança com itens lexicais da língua e também foram mais reconhecidos. Os autores defendem a hipótese de que o léxico constitui a base para a inferência de padrões sonoros da língua pelos falantes. Beckman, Edwards e Munson (2007) também defendem que a acurácia de repetição de pseudopalavras se sustenta no mesmo tipo de inferência que o julgamento de *wordlikeness* e de reconhecimento.

Portanto, considerando a organização do conhecimento linguístico do falante a partir dos pressupostos apresentados anteriormente, é possível estabelecer que a não aleatoriedade observada nas substituições ou parafasias fonológicas tem relação com a organização dos itens lexicais em redes baseadas em similaridades sonoras, e que a frequência de ocorrência do item e a probabilidade de padrões lexicais têm influência, respectivamente, na acurácia de produção em tarefa de nomeação de itens lexicais e de repetição de pseudopalavras pelos indivíduos afásicos. Para Kohn, Smith e Alexander (1996), o desempenho dos afásicos é resultante de dificuldade de acesso a representações fonológicas armazenadas no léxico ou de perda da informação representada. Os autores realizaram estudo com quatro afásicos com jargão (produção de neologismos), durante os seis primeiros meses pós-acidente vascular encefálico (AVE), através de testes de nomeação, repetição e leitura de palavras. De acordo com os autores, a ausência de qualquer similaridade entre a substituição da produção dos afásicos e a forma da palavra-alvo se deve à perda generalizada de informações fonológicas, ou seja, uma perda substancial de representações fonológicas no léxico, e não a falhas de acesso. A prevalência de pseudopalavras em substituição a itens lexicais da língua-alvo desses indivíduos, em especial com substituições fonológicas do tipo aleatório, segundo o estudo, é indicativa da ruptura da representação fonológica da palavra. Portanto, para os autores, esse tipo de produção não apresenta motivação lexical.

A distinção entre perda da representação de informações sonoras das palavras ou ruptura do acesso lexical na avaliação das produções dos afásicos é importante e tem consequências para os objetivos terapêuticos, pois, tratando-se de um prejuízo no acesso, já que a representação fonológica estaria preservada ou pouco comprometida, há enfoque em estratégias de acesso lexical, possibilitando talvez a melhora de prognóstico do afásico.

Diante do prejuízo de produção comum nos quadros de afasia, faz-se necessário delinear o real comprometimento do conhecimento fonológico neste caso. Assim, a partir de uma proposta de conhecimento fonológico emergente de um léxico dinâmico e flexível, organizado em redes de similaridades semânticas e sonoras, a presente pesquisa procurou verificar a integralidade das informações sonoras representadas no léxico dos afásicos, através do desempenho em tarefa de repetição de pseudopalavras. Portanto, se as formas das palavras representadas no léxico proveem a base para as inferências de padrões sonoros abstratos, e se essas representações estiverem comprometidas, o grau de acurácia de repetição dos estímulos do teste pelos afásicos será inferior ao grau de acurácia dos indivíduos-controle sem lesão. Os resultados podem trazer contribuições não só para as discussões no âmbito do modelo teórico adotado, como também para as avaliações linguísticas e intervenções terapêuticas fonoaudiológicas.

QUESTÕES DE TRABALHO E METODOLOGIA

Esse estudo adota a tese de continuidade de Dell et al. (1997: 801), também proposta por outros pesquisadores (Buckingham, 1980; Kohn e Smith, 1990), segundo a qual a produção atípica/patológica seria uma extensão da variação natural de falantes típicos, isto é, haveria apenas graus diferentes de comprometimento como base para a diferença entre falantes típicos e atípicos nas falhas de acesso lexical. Dell et al. (1997) afirmam que erros decorrentes de patologias não são qualitativamente diferentes daqueles feitos por falantes não afásicos, sendo, portanto, as diferenças entre os grupos quantitativas, isto é, afásicos apresentariam mais falhas de acesso que os falantes típicos, porém elas são da mesma natureza (Senna e Gomes, 2017).

Com o objetivo de avaliar a capacidade de estabelecer e identificar representações abstratas de afásicos e controles, foi utilizado um teste de repetição de pseudopalavras, elaborado por Esteves (2013). O teste é constituído por 30 pseudopalavras formadas por sílabas cv (consoante e vogal), distribuídas em função do tamanho, em número de sílabas, e frequência de suas sílabas constituintes. São 10 pseudopalavras de 2 sílabas, 10 de 3 sílabas e 10 de 4 sílabas, e, em cada grupo, metade constituída somente de sílabas de baixa frequência de tipo e metade constituída somente de sílabas de alta frequência de tipo no português brasileiro (pb), conforme no Quadro 1.

Quadro 1 – Estímulos do Teste de Repetição de Pseudopalavras, agrupado por tamanho e frequência.

Estímulos	Duas sílabas	Três sílabas	Quatro sílabas
Alta Frequência	'tʃibə 'hadʒɪ 'sɛbə 'masɪ 'mibə	ko'pizə ta'reko me'sivə va'bito de'tukə	hela'nito kovi'tunə dʒime'rɔtə meku'livə moli'rato
Baixa Frequência	'gɔfo 'ʒefə 'ʃeʎo 'noʎɪ 'zubɪ	zi'gefə mɔ'ʒepɪ gu'foʃo vu'bohɪ ge'pɔnə	ketə'niʃo give'pofo vurɛ'hupə zeʃo'fubɪ ʒopɛ'gefə

Em cada grupo, metade é formada exclusivamente por sílabas de alta frequência de tipo no léxico da língua e a outra metade, exclusivamente por sílabas de baixa frequência de tipo. A frequência de tipo neste caso diz respeito à probabilidade de combinação da consoante e da vogal na posição silábica específica, por exemplo, como sílaba tônica de palavras dissilábicas, como sílaba átona de palavras dissilábicas, e assim sucessivamente. A frequência de tipo das sílabas cv, nas diferentes posições prosódicas, em cada tamanho de item lexical, foi obtida em levantamento realizado na Base ASPA/UFMG (www.projetoaspa.org). Além disso, as pseudopalavras são todas com acentuação paroxítona, que constitui o molde lexical mais frequente para os três tamanhos de itens das palavras do português brasileiro, segundo a pesquisa realizada na Base ASPA/UFMG (Gomes et al., 2015: 203).

Segundo Beckman, Munson e Edwards (2007), a acurácia na repetição de pseudopalavras, cujo formato é controlado quanto à frequência de tipo das combinações entre os segmentos constituintes, tem relação com a capacidade do falante de estabelecer abstrações através das inferências sobre as representações das formas das palavras no léxico. De acordo com Pierrehumbert (2003), o léxico de um adulto é de tamanho suficiente para que todas as unidades abstraídas, incluindo relações fonotáticas de baixa frequência, tenham representação robusta. O esperado é que, em adultos falantes típicos, a diferença de acurácia na repetição de pseudopalavras constituída por unidades e/ou relações fonotáticas de alta e baixa frequência não seja significativa. Quanto ao efeito do tamanho do item lexical, há evidência de que itens lexicais menores (duas sílabas) são produzidos com mais acurácia e apresentam maior taxa de recuperação, em tarefa de acesso lexical que envolve memória, respectivamente, em crianças com desenvolvimento atípico (Gathercole, Willis e Baddeley, 1991; Marton, 2006) e em adultos (Tehan, Hendry e Kocinsk, 2001; Campoy, 2008).

A pontuação utilizada para avaliar a acurácia de repetição dos participantes da pesquisa foi a mesma estabelecida por Esteves (2013). Assim, segmento produzido igual ao alvo recebe 2 pontos, substituição de segmento, 1 ponto, acréscimo de segmento, -1, e 0 na ausência do segmento esperado. O total obtido é dividido pelo máximo de pontuação possível daquele item (equivalente à repetição de acordo com o esperado para o item) e o valor obtido, que varia entre 0 e 1, foi considerado o escore obtido para cada estímulo repetido. Foi utilizado o software R para checagem estatística das variáveis linguísticas adotadas na pesquisa, a saber, o efeito da frequência dos constituintes do estímulo (alta e baixa) e tamanho do estímulo (2, 3 ou 4 sílabas) na acurácia de repetição. O software DMDX (Forster e Forster, 2003), gratuito e disponível em http://www.u.arizona.edu/~kforster/dmdx/dmdx.htm, foi utilizado para aplicação do teste, com apresentação aleatória dos estímulos. Foram utilizados os arquivos de áudio do teste de Esteves (2013), gravados por voz feminina, em torno de 25 anos, por aparelho sonoro estéreo, em ambiente tratado acusticamente. Toda a coleta foi gravada em áudio, com qualidade digital, utilizando fone de ouvido com microfone da marca Clone. A frequência de resposta do microfone é de 20Hz a 20KHz. Foi solicitado aos voluntários que repetissem os estímulos apresentados.

A amostra é formada por 23 afásicos, 12 do sexo feminino e 11 do sexo masculino, pacientes atendidos no ambulatório de afasia do curso de Fonoaudiologia da UFRJ e pacientes particulares. O perfil dos voluntários afásicos está apresentado no Anexo I, conforme dados de sexo, idade, escolaridade, diagnóstico no momento da coleta, tempo de lesão, causa, tempo de terapia fonoaudiológica, e resultados de rastreamento cognitivo (teste MiniMental) e avaliação de compreensão oral e repetição (teste Montreal Toulosse).[5] Participaram também da pesquisa 23 falantes típicos do grupo-controle, sendo 12 do sexo feminino e 11 do sexo masculino, pareados com o grupo clínico segundo critérios de variedade regional (todos cariocas), escolaridade, idade e sexo, conforme pode ser observado no Anexo II.

RESULTADOS

Conforme mencionado anteriormente, o teste de repetição de pseudopalavras foi aplicado em sujeitos afásicos e sem lesão (grupo-controle) e teve como objetivo checar a acurácia de repetição em função da habilidade de fazer inferências probabilísticas de padrões sonoros a partir das palavras armazenadas no léxico. Os padrões sonoros são mapeados nos estímulos em função da frequência de tipo das sílabas constituintes das pseudopalavras e do número de sílabas (tamanho) de que são compostos. A observação do efeito da variável frequência de tipo das sílabas componentes das pseudopalavras tem como objetivo avaliar o efeito do tamanho do léxico na acurácia de repetição de pseudopalavras. O esperado é que não haja efeito de frequência para os indivíduos sem lesão, uma vez que o léxico adulto é de tamanho suficiente para proporcionar robustez às representações dos diversos tipos de abstração postulados por Pierrehumbert (2003). Não havendo diferença entre controles e grupo-alvo no efeito da frequência de tipo das sílabas, há evidência de que a habilidade de fazer inferências de padrões abstratos sobre as representações das palavras no léxico, no que diz respeito aos moldes lexicais constituintes dos estímulos, estão preservadas no grupo dos afásicos.

A Tabela 1 a seguir apresenta os tipos de respostas ao teste de repetição de pseudopalavras, agrupadas em três grupos, com a finalidade de facilitar a observação dos resultados obtidos. Grupo 1: sem respostas; composto principalmente por respostas vazias dos voluntários frente aos estímulos; Grupo 2: respostas diferentes do alvo, compreendendo as repetições que diferem do esperado na repetição; Grupo 3: respostas de acordo com o alvo ou corretas.

Tabela 1 – Tipos de respostas no teste de repetição de pseudopalavras dos voluntários afásicos

Indivíduos	Sem resposta		Diferente do alvo		Correta		Total
	N	%	N	%	N	%	N
J.A.	15	50	14	46,7	1	3,3	30
M.E.	0	0	23	76,7	7	23,3	30
M.R.	8	26,7	18	60	4	13,3	30
L.B.	0	0	17	56,7	13	43,3	30
S.S.	1	3,3	9	30	20	66,7	30
C.L.	0	0	17	56,7	13	43,3	30
P.A.	0	0	18	60	12	40	30
V.V.	1	3,3	20	66,7	9	30	30
S.M.	0	0	11	36,7	19	63,3	30
M.A.	21	70	9	30	0	0	30
R.G.	23	76,7	7	23,3	0	0	30
A.R	19	63,3	11	36,7	0	0	30
G.C.	4	13,3	15	50	11	36,7	30
T.R.	0	0	4	13,3	26	86,7	30
C.O.	0	0	14	46,7	16	53,3	30
E.T.	14	46,7	14	46,7	2	6,7	30
F.J.	4	13,3	16	53,3	10	33,3	30
F.R.	7	23,3	12	40	11	36,7	30
M.H.	0	0	16	53,3	14	46,7	30
J.L.	0	0	12	40	18	60	30
L.F.	0	0	8	26,7	22	73,3	30
S.R.	1	3,3	28	93,3	1	3,3	30
A.A.	5	16,7	18	60	7	23,3	30
Total	123	17,8	331	48,0	236	34,2	690

Qui-quadrado = 408.5486, gl = 44, p-valor < 2.2e-16

Fonte: Senna (2013: 144).

Observa-se grande variabilidade de desempenhos entre os indivíduos afásicos, confirmada pelo p-valor baixo (< 0.05). A variabilidade entre os indivíduos pode estar relacionada ao tipo de comprometimento identificado por meio dos diagnósticos ou tipos de afasia. Os voluntários com predomínio de porcentagem sem respostas apresentam diagnóstico mais graves, com mais competências linguísticas comprometidas, conforme pode ser verificado no Anexo i, como afasia global (R.G.) e afasia de Wernicke (A.R.), embora alguns participantes desse grupo tenham diagnósticos relacionados a comprometimentos mais leves (J.A). Já os demais voluntários, com predomínio de respostas corretas, iguais ao alvo, possuem diagnósticos considerados mais leves como afasia anômica e afasia mista.

A Tabela 2 apresenta o comportamento dos voluntários do grupo-controle relativo aos tipos de resposta ao teste de repetição, também analisados em função dos três grupos considerados na Tabela 1.

Tabela 2 – Tipos de respostas no teste de repetição
de pseudopalavras por voluntários do grupo-controle

Indivíduos	Sem resposta		Diferente do alvo		Correta		Total
	N	%	N	%	N	%	N
E.F.	0	0	6	20	24	80	30
J.A.	0	0	8	26,7	22	73,3	30
M.C.	0	0	7	23,3	23	76,7	30
J.O.	0	0	10	33,3	20	66,7	30
N.C.	0	0	8	26,	22	73,3	30
V.L.	0	0	4	13,3	26	86,7	30
E.D.	0	0	15	50	15	50	30
R.B.	0	0	4	13,3	26	86,7	30
I.A.	0	0	4	13,3	26	86,7	30
E.E.	0	0	5	16,7	25	83,3	30
B.D.	0	0	4	13,3	26	86,7	30
L.A.	0	0	14	46,7	16	53,3	30
V.P.	0	0	3	10	27	90	30
L.B.	0	0	5	16,7	25	83,3	30
L.T.	0	0	6	20	24	80	30
J.C.	0	0	9	30	21	70	30
A.G.	0	0	6	20	24	80	30
L.F.	0	0	5	16,7	25	83,3	30
E.S.	1	3,3	9	30	20	66,7	30
L.M.	1	3,3	6	20	23	76,7	30
S.R.	0	0	6	20	24	80	30
M.A.	0	0	6	20	24	80	30
B.T.	0	0	5	16,7	25	83,3	30
Total	2	0,3	155	22,5	533	77,2	690

Qui-quadrado = 60.3674, gl = 44, p-valor = 0.05102*

Fonte: Senna (2013: 145).

Todos os indivíduos pertencentes ao grupo-controle apresentaram porcentagem superior a 50% de respostas corretas. Embora os resultados apenas ratifiquem a hipótese de que nenhum indivíduo sem lesão apresentaria dificuldade na tarefa de repetição de pseudopalavras, observa-se uma variedade natural de porcentagens entre os voluntários do grupo-controle. Mesmo sem que as porcentagens apresentem significância estatística, conforme pode ser observado pelo p-valor acima de 0.05, as respostas corretas variam de 53,3% a 90%.

Os escores de acurácia obtidos de acordo com a metodologia aplicada (conforme mencionado na seção "Questões de trabalho e metodologia") foram submetidos à ANOVA (*Analysis of Variance*). para avaliar se a diferença entre as médias de graus de acurácia no teste de repetição de pseudopalavras em pacientes afásicos (0.8819224) e voluntários-controle (0.9746288) é significativa. O p-valor <2e-16[6] revelou se tratar de diferença significativa entre os grupos (afásicos e controle). A comparação entre os desempenhos dos dois grupos de voluntários pode ser visualizada no Gráfico 1 a seguir.

Gráfico 1 – Grau de acurácia no grupo de afásicos e no grupo-controle

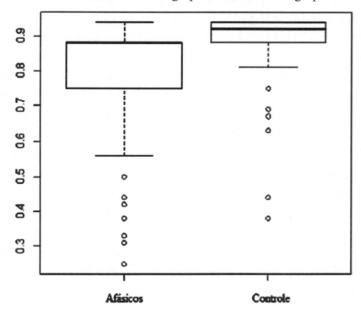

Fonte: Senna (2013: 147).

Conforme pode ser observado no gráfico, sem as repetições corretas (Escore = 1), os dados do grupo-controle estão mais concentrados em valores mais altos que as repetições dos voluntários afásicos. Os dados dos afásicos se caracterizam por apresentar maior discrepância entre os escores obtidos e presença de valores mais baixos. Portanto, tanto visualmente, através do Gráfico 1, quanto estatisticamente, considerando o resultado da ANOVA, observa-se que há diferença entre o comportamento de afásicos e controles em relação à acurácia de repetição de pseudopalavras.

Uma Análise de Variância (ANOVA) foi realizada para avaliar o grau de acurácia no teste de repetição de pseudopalavras de afásicos em relação aos fatores controlados para os estímulos: frequência das sílabas e tamanho das pseudopalavras. As variáveis testadas se comportaram como não influentes. Os p-valores obtidos para o grau de acurácia em afásicos foram 0.7813, para frequência das sílabas do estímulo, e 0.4644, para tamanho em número de sílabas do estímulo. Já para os escores obtidos para as variáveis tamanho do item e frequência das sílabas nos indivíduos do grupo-controle, o teste da ANOVA mostrou significância para a variável tamanho da pseudopalavra. O p-valor obtido foi 0.000728 para a variável tamanho, e 0.544542, para a variável frequência das sílabas dos estímulos. O resultado para frequência dos constituintes dos estímulos está de acordo com o esperado para indivíduos adultos sem lesão ou qualquer outro tipo de comprometimento linguístico. O resultado obtido para o efeito do tamanho do estímulo se soma aos mencionados anteriormente, relativos a adultos com desenvolvimento típico, embora não tenha se mostrado significativa entre os afásicos. A questão que envolve o efeito do tamanho dos estímulos também pode estar relacionada à memória de trabalho.

Uma vez que a habilidade relativa à inferência de abstrações através das representações das palavras no léxico é avaliada em função do efeito da frequência de tipo das sílabas dos estímulos na acurácia de repetição de pseudopalavras, serão apresentados a seguir os Gráficos 2 e 3 com a distribuição dos graus de acurácia em função da frequência de tipo nos dois grupos estudados, afásicos e controles.

Gráfico 2 – Grau de acurácia em função da frequência
de tipo das sílabas constituintes dos estímulos no grupo-alvo

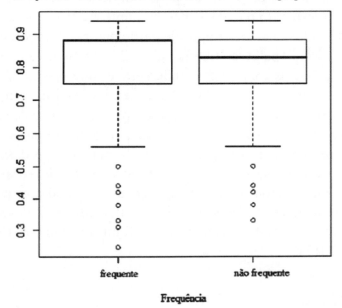

Fonte: Senna (2013: 154).

Gráfico 3 – Grau de acurácia em função da frequência
de tipo das sílabas constituintes dos estímulos no grupo-controle

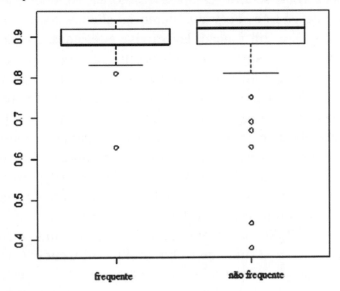

Fonte: Senna (2013: 155).

Os resultados para frequência de tipo, nos dois grupos de participantes, estão dentro do esperado para indivíduos adultos sem lesão. Conforme o resultado da ANOVA, não há efeito da frequência das sílabas dos estímulos nos dois grupos de participantes. É importante lembrar que as pseudopalavras foram elaboradas de maneira que fossem evitadas sequências sonoras que pudessem ter interpretação morfológica, como *-ista, -ada, -oso, -ava* etc., e com isso facilitar a repetição. Dessa maneira, o desempenho observado para a acurácia de repetição de pseudopalavras por indivíduos afásicos da amostra deste estudo é indicativo de que as informações sobre as formas sonoras das palavras estão preservadas, permitindo as inferências estatísticas de padrões abstratos no léxico, mesmo na situação em que o grupo-alvo apresenta uma forte tendência à falha de acesso lexical, conforme o desempenho para este grupo no teste de nomeação de figuras (Senna, 2013; Senna e Gomes, 2017).

CONSIDERAÇÕES FINAIS

Os resultados do teste de repetição de pseudopalavras aqui apresentados permitiram verificar o grau de preservação das informações relativas às formas sonoras das palavras no léxico, que sustentam as inferências de padrões abstratos como as sílabas componentes dos estímulos do teste, em função das variáveis testadas, frequência das sílabas e tamanho dos estímulos. Os resultados mostraram que os índices de acurácia dos afásicos se concentram em valores acima de 0.7 e que não há diferença de desempenho em função da frequência das sílabas constituintes dos estímulos, alta e baixa frequência. O mesmo resultado foi obtido para o grupo de afásicos e para o grupo-controle, falantes típicos sem lesão. Esses resultados permitem dizer que a habilidade de fazer abstrações de padrões no léxico está preservada nos afásicos da amostra. Os mesmos indivíduos, no entanto, mostraram tendência à substituição de itens lexicais (anomia) em teste de nomeação (Senna, 2013; Senna e Gomes, 2017). Considerando o comportamento observado no estudo de Kohn, Smith e Alexander (1996), com afásicos com jargão, os participantes do grupo-alvo deste estudo, com diferentes diagnósticos (Anexo I), também tenderam a apresentaram mais substituições sem relação semântica ou fonológica com o item lexical alvo (27,8%), que substituições semânticas (8%) e fonológicas (9,8%). O desempenho no teste de repetição de pseudopalavras, no entanto, permite concluir que a anomia dos afásicos da amostra de Senna (2013) se deve a falhas no acesso lexical, sem comprometimento da representação da forma sonora das palavras no léxico. Isto é, a habilidade de fazer abstrações com base na representação da forma sonora das palavras não foi afetada com a lesão cerebral.

Esses resultados podem ser tomados como mais uma evidência de que padrões abstratos emergem das representações das palavras no léxico. Os resultados também corroboram a hipótese de que o léxico adulto é suficiente para conferir robustez a padrões abstratos independentemente de sua frequência de tipo no léxico.

NOTAS

[1] O termo *pseudopalavra* está sendo utilizado com o mesmo sentido encontrado em Frisch, Large, Pisoni (2000), isto é, são formadas por segmentos encontrados na língua em estudo, organizados de acordo com os tipos silábicos e relações fonotáticas encontradas na língua.

[2] Exemplos retirados do *corpus* utilizado neste estudo.

[3] A pesquisa obteve aprovação sob o n. 009/09, em 2009, do Comitê de Ética em Pesquisa do Instituto Deolindo Couto da UFRJ.

[4] A metodologia de *priming* consiste em avaliar o comportamento dos participantes em relação a um determinado alvo (no caso, um item lexical) em função de outro apresentado previamente (*prime*), buscando identificar as consequências do efeito do primeiro sobre o segundo, em função de características controladas no experimento. No caso do estudo de Pisoni et al. (1985), entre *prime* e alvo havia diferentes graus de semelhança dos segmentos que os compõem.

[5] Os escores obtidos no teste MiniMental e teste Toulouse Montreal (MTL) foram utilizados como variável independente na análise da acurácia de repetição. O teste Montreal Toulouse versão alpha, adaptado por Leonor Scliar-Cabral (1981), consiste na indicação de uma entre quatro ou seis opções desenhadas (dependendo do estímulo), isto é, indicação daquela que representa o que o participante ouviu e compreendeu. A avaliação é constituída de cinco palavras, três orações simples e três complexas e possui distratores semânticos, fonológicos e visuais. Para avaliação da produção, também foi utilizada a bateria de repetição do MTL versão alpha. Nesse caso, a testagem consistiu na repetição de 8 palavras e 3 frases (uma frase simples e duas mais complexas e mais longas). A pontuação do miniexame do estado mental (MiniMental), que é um exame neuropsicológico de rastreamento cognitivo (Brucki et al., 2003), também foi coletada do acervo fonoterápico de cada paciente. O exame consta de avaliação da orientação temporal e espacial, memória imediata, atenção e cálculo, evocação e linguagem. Como resultado do Minimental se obtém uma pontuação que diante da esperada (segundo a escolaridade) detecta ou não algum comprometimento das habilidades cognitivas testadas, possibilitando melhor caracterização dos participantes ou até mesmo a exclusão de sua participação.

[6] A indicação e-16 no p-valor indica que há 16 casas decimais com 0. No caso, trata-se, portanto, de um p-valor muito baixo, igual a 0,00000000000000002.

Fonologia na perspectiva dos Modelos de Exemplares

Apêndice I – Perfil dos voluntários do grupo de afásicos

Iniciais Afásicos	Sexo	Idade	Escolaridade	Diagnóstico Atual: Afasia	Tempo de Lesão	Causa	Tempo Terapia	Mini Mental	% pontuação minimental	Montreal compreen. Oral	% teste compreen. Oral	Repetição Palavras PB	% Repetição Palavras PB
S.R.	F	50	Superior incompleto	Anômica	Mais de 1 ano	AVE	Mais de 1 ano	28	100	10	90,91	8	72,73
A.A.	F	84	Superior completo	Broca	Mais de 4 anos	AVE	Mais de 3 anos	18	69,23	9	81,82	9	81,82
J.A.	M	55	Ensino Médio completo	Mista	Mais de 5 anos	AVE	Mais de 2 anos	17	70,83	10	90,91	7	63,64
M.E.	M	38	Ensino Médio completo	Mista	Mais de 5 anos	TCE	Mais de 4 anos	7	29,17	7	63,64	7	63,64
M.R.	M	25	Ensino Médio incompleto	/	Menos de 1 ano	TCE	Menos de 1 ano	NA		NA		NA	
L.B.	F	59	Ens. Fundamental incompl.	Anômica	Mais de 1 ano	AVE	Menos de 1 ano	8	38,10	11	100	8	72,73
S.S	F	62	Superior completo	Mista	Mais de 3 anos	AVE	Menos de 1 ano	26	100	11	100	8	72,73
C.L.	F	60	Superior completo	Mista	Mais de 3 anos	/	Mais de 1 ano	15	57,69	11	100	8	72,73
P.A.	M	51	Ensino Médio completo	Trancortical Sensorial	Menos de 1 ano	TCE	Menos de 1 ano	15	62,50	9	81,82	8	72,73
V.V.	F	30	Superior completo	Anômica	Mais de 4 anos	AVE	Mais de 2 anos	25	96,15	11	100	11	100
M.A.	F	56	Ens. Fundamental incompl.	Mista	Mais de 2 anos	AVE	Mais de 2 anos	25	100	10	90,91	2	18,18
R.G.	F	81	Analfabeta funcional	Global	Menos de 1 ano	AVE	Menos de 1 ano	0	0,00	2	18,18	1	9,09
J.L.	M	76	Ens. Fundamental incompl.	Mista	Menos de 1 ano	AVE	Menos de 1 ano	20	95,24	10	90,91	11	100
A.R.	M	66	Ensino Médio completo	Wernicke	Menos de 1 ano	AVE	Menos de 1 ano	0	0,00	3	27,27	2	18,18
G.C.	F	55	Superior completo	Mista	Mais de 2 anos	/	Menos de 1 ano	16	61,54	9	81,82	8	72,73
T.R.	F	28	Superior completo	Anômica	Menos de 1 ano	AVE	Menos de 1 ano	26	100	11	100	11	100
C.O.	M	55	Superior incompleto	Mista	Mais de 3 anos	AVE	Mais de 1 ano	24	92,31	10	90,91	10	90,91
S.M.	M	67	Ensino Médio completo	Anômica	Menos de 1 ano	AVE	Menos de 1 ano	26	100	11	100	11	100
F.J.	M	51	Superior completo	Anômica	Mais de 9 anos	AVE	Mais de 4 anos	21	80,77	8	72,73	10	90,91
F.R.	M	33	Superior completo	Broca	Mais de 12 anos	AVE	Mais de 4 anos	20	76,92	11	100	9	81,82
E.T.	M	29	Superior completo	Broca	Mais de 5 anos	TCE	Mais de 3 anos	9	34,62	8	72,73	3	27,27
M.H	F	45	Superior incompleto	Anômica	Mais de 6 anos	AVE	Mais de 2 anos	23	88,46	10	90,91	8	72,73
L.F	F	39	Ensino Médio completo	Anômica	Mais de 2 anos	AVE	Mais de 1 ano	28	100	11	100	9	81,82

Apêndice II – Perfil dos voluntários do grupo-controle

Inicias Controles	Sexo	Idade	Escolaridade
V.P.	F	26	Ensino Médio completo
B.T.	M	26	Ensino Médio completo
L.F.	F	27	Superior completo
V.L.	F	33	Superior incompleto
L.T.	M	33	Superior incompleto
L.B.	M	35	Superior completo
B.D.	M	37	Superior completo
E.S.	F	45	Ens. Fundamental compl.
S.R.	M	52	Superior incompleto
E.F.	F	53	Superior completo
M.C.	F	53	Ensino Médio completo
J.O.	M	54	Ensino Médio completo
J.A.	M	55	Superior incompleto
L.M.	F	55	Superior incompleto
E.E	F	60	Ens. Fundamental incompl.
M.A.	M	68	Superior completo
I.A.	F	61	Ens. Fundamental incompl.
L.A.	M	63	Ensino Médio completo
R.B.	F	65	Ensino Médio completo
A.G.	F	65	Ens. Fundamental compl.
E.D.	M	71	Ensino Médio completo
N.C.	F	80	Ens. Fundamental incompl.
J.C	M	83	Ens. Fundamental compl.

O alçamento de vogal média anterior pretônica: Modelo de Redes

Liliane Pereira Barbosa

Este capítulo apresenta uma proposta de tratamento do alçamento da vogal média anterior pretônica, na categoria dos verbos do português brasileiro (PB),[1] segundo a perspectiva teórica da Linguística Cognitiva (LC). Essa perspectiva tem instigado muitos pesquisadores não tão satisfeitos com resultados de pesquisas realizadas nos moldes científicos tradicionais e possibilitado reflexão e discussão produtivas sobre o conhecimento linguístico.

Essa investigação fundamentou-se, especificamente, na proposta cognitiva do Modelo de Redes (Bybee, 1985, 1995, 2007, 2010), por esse modelo permitir uma interação entre categorias linguísticas e não linguísticas e sugerir que o conhecimento linguístico opera em vários níveis de conexões que o articulam. Além disso, respaldou-se em contribuições teóricas adicionais dos Modelos de Exemplares (Bybee, 1988, 1994, 1999, 2001, 2006; Pierrehumbert, 1994, 2001a, 2001b, 2002, 2003, 2012), por esses modelos teóricos possibilitarem a análise de fenômenos fonéticos e analógicos, e considerarem a atuação de efeitos de frequência na análise de fenômenos linguísticos.

Nossa hipótese foi que a configuração de redes morfofonológicas é marcada pela equivalência paradigmática entre as vogais [ɛ], [e] e [i], o que possibilita que se auto-organizem. Advindas dessa primeira hipótese, acrescentamos ainda as seguintes: a) o alçamento pretônico possui organização lexical, sendo favorecida pela configuração de redes morfofonológicas; b) padrões morfofonológicos operam a difusão do alçamento pretônico em várias categorias (conjugação, tempo verbal, pessoa gramatical etc.); c) efeitos de frequência de tipo e de frequência de ocorrência nos vários níveis da rede têm impacto no alçamento pretônico.

Dois questionamentos foram feitos sobre o assunto: como uma teoria fonológica explicaria o alçamento pretônico? Assumindo o Modelo de Redes, aliado aos Modelos de Exemplares, quais seriam as configurações de redes que motivariam e implementariam o alçamento pretônico? Abordamos, na próxima seção, esses modelos teóricos, que estão inseridos em um escopo teórico mais amplo, o da LC.

LINGUÍSTICA COGNITIVA: MODELO DE REDES E MODELO DE EXEMPLARES

A linguagem é considerada, na perspectiva cognitiva, uma atividade complexa constituída de várias facetas – motora, perceptual e mental – controlada ou constituída por processamento neural, ou seja, uma atividade cognitiva cujas unidades são de base psicológica. Por ser adquirida e usada por meio da interação entre os usuários de uma língua em um contexto social e cultural, a linguagem também é uma atividade de natureza sociocultural (Langacker, 2008: 216). Para a LC, o conhecimento linguístico é representado por experiência corporificada, ou seja, a estrutura linguística é moldada em tempo real, em situações reais de fala e passa por sistemas cognitivos reais (Bybee, 2010: 221).

A LC alicerça-se nas categorizações gramaticalizadas das línguas naturais, geradas a partir das categorizações do mundo e operadas pela percepção do indivíduo. A justificativa para isso é que, segundo essa teoria, há semelhanças na maneira como os humanos experienciam e percebem o mundo e em como pensam e usam a linguagem. Tais semelhanças são nada mais do que restrições, delimitando uma variabilidade de possibilidades de uso (Evans e Green, 2006: 101).

Na constituição dessa nova visão da linguagem, "o termo 'gramática' refere-se não só à estrutura de palavras e sentenças de uma língua, mas, também, à 'gramática mental' ou sistema de conhecimento de uma língua na mente do usuário [...]" (Evans e Green, 2006: 472; tradução nossa) e, de acordo com linguistas dessa vertente, a gramática não só deriva do uso da linguagem, mas também, em parte, motiva o uso da linguagem (Evans e Green, 2006: 115; Bybee, 2010: 1).

A gramática de uma língua, nesse sentido, refere-se ao sistema linguístico como um todo, incorporando som e significado, e emerge do uso. A estrutura do léxico mental deve ser considerada plástica e a gramática, algo em constante processo de construção. Isso demonstra o caráter dinâmico da linguagem: a estrutura linguística modela-se vagarosa, gradual, mas inexoravelmente (seja sua fixação e variação, seja sua mudança) sob as forças dinâmicas do uso da linguagem. Além disso, léxico e gramática constituem um contínuo, já que a LC reconhece padrões gramaticais em todos os níveis de generalização.

Ressaltamos que, na abordagem da LC, para que um item lexical ou expressão linguística se torne uma unidade simbólica na gramática mental do usuário da língua, basta que seja utilizado (produção/percepção) frequentemente e se torne um hábito.

Isso possibilita considerar, consequentemente, que um item lexical ou uma expressão linguística sejam armazenados de acordo com as diversas maneiras como forem empregados. Assim sendo, essa perspectiva de análise propõe que a representação linguística é múltipla. Essa proposta é possível em razão de se partir do pressuposto de que o conhecimento linguístico é uma estrutura inerentemente variável, que se encontra em estado permanente de mudança.

Em outras palavras, a LC constitui um modelo de investigação multimodal, diferentemente dos modelos tradicionais que postulam uma representação mental única para o conhecimento linguístico.

Nas próximas subseções abordamos, especificamente, os modelos teóricos, inseridos na LC, que subsidiaram esta pesquisa.

Modelo de Redes

O Modelo de Redes alia e promove a interação entre categorias linguísticas (fonológicas, morfológicas, sintáticas, semânticas e lexicais) e não linguísticas, delineando o conhecimento linguístico em vários níveis de organização. Nesse modelo, os elos entre os nós em uma rede surgem de relações de categorização entre as unidades simbólicas armazenadas na gramática mental, o que gera dois tipos de relações: 1) relação entre as unidades simbólicas de uma categoria e 2) relação entre unidade simbólica e esquema.

Segundo Bybee (1985, 1995, 2007, 2010), a gramática, no Modelo de Redes, constitui um único componente formado por léxico e esquemas (padrões). De acordo com esse ponto de vista, "o léxico, a morfologia e a sintaxe formam um contínuo de unidades simbólicas que servem para estruturar o conteúdo conceitual [...]" (Cifuentes-Honrubia, 1996: 37-38; tradução nossa). As características do Modelo de Redes, de acordo com Bybee (2007: 169-171), são: a) itens lexicais que formam o léxico possuem graus de força lexical, devido à sua frequência de ocorrência; b) itens lexicais estão inter-relacionados por meio de redes de conexões lexicais entre traços semânticos ou fonológicos, idênticos ou similares, definindo sua estrutura morfológica; c) grupos de itens lexicais que possuem padrões fonológicos ou semânticos similares estão mutuamente reforçados e criam generalizações emergentes descritas como esquemas ou padrões, cuja produtividade é uma consequência direta da frequência de tipo.

Bybee (1985: 116) definiu que a unidade de processamento mental, nessa perspectiva, é o item lexical, bem como os *chunks*,[2] e baseou-se em duas propostas para o tratamento do léxico que, segundo ela, podem se acomodar em uma teoria de organização e acesso lexical: a) cada vez que processa um item lexical, o falante/ouvinte afeta o léxico, por meio do fortalecimento da representação desse item lexical; b) cada item incorporado ao léxico possui diversos tipos de conexões com outros itens lexicais.

Modelos de Exemplares

Os Modelos de Exemplares (Bybee, 1988, 1994, 1999, 2001, 2006; Pierrehumbert, 1994, 2001a, 2001b, 2002, 2003, 2012; Port e Leary, 2005 e outros) propõem que os processos e princípios cognitivos e psicológicos que governam a linguagem não são específicos à linguagem, mas são os mesmos que governam outros aspectos do comportamento cognitivo e social do ser humano. Sob essa perspectiva, a linguagem é vista como uma parte do comportamento humano. Assim, nossas habilidades de memorização, controle motor, categorização de experiências e realização de inferências podem estar bem harmonizadas à linguagem, mas são também usadas por outros domínios. Esses modelos teóricos postulam alguns princípios básicos, a saber (Bybee, 2001:6-7): a) a experiência afeta a representação mental, ou seja, o uso de formas e padrões na produção ou percepção afeta sua representação na memória; b) a representação mental de objetos linguísticos possui as mesmas propriedades que as representações mentais de outros objetos, ou seja, o cérebro opera da mesma maneira em diferentes domínios; c) a categorização é baseada em identidade ou similaridade; d) as generalizações sobre formas não estão separadas de sua representação armazenada, mas emergem diretamente delas, ou seja, essas generalizações são elaboradas a partir das relações entre as formas baseadas em similaridades fonética e/ou semântica; e) a organização lexical produz generalizações e segmentações em vários graus de abstração e generalidade; f) o conhecimento gramatical é um conhecimento procedimental.

Além dessas considerações, a perspectiva dos Modelos de Exemplares propõe categorias e relações cujas propriedades podem ser expostas à modelagem e simulação, por meio do uso de uma arquitetura conexionista.

As propriedades desses modelos são derivadas da proposta da Psicologia para a memória e classificação[3] e suas representações mentais, nessa abordagem, multidimensionais e ricas, são progressivamente construídas, através da experiência com a língua (Pierrehumbert, 2001a: 137). Essas representações mentais são constituídas de nuvens de exemplares[4] interconectadas (rede de conexões) e formadas de itens lexicais recorrentes e *chunks* da língua.

A categorização e o armazenamento dessas nuvens de exemplares na memória do usuário da língua seguem os parâmetros de regularidade e grau de similaridade fonológica e semântica, tendo em vista todas as variações produzidas ou percebidas por ele, e as propriedades linguísticas e não linguísticas que os exemplares compartilham entre si. Essas propriedades compartilhadas tornam possível categorizar esses exemplares como "o mesmo" e fazem com que pertençam, simultaneamente, a mais de uma nuvem de exemplares (Pierrehumbert, 2001a).

As nuvens de exemplares são organizadas em um mapa cognitivo, de maneira que exemplares similares ficam mais próximos uns dos outros e os diferentes mais distantes. Assim sendo, o sistema é constituído de um mapeamento entre parâmetros fonéticos e classificações do sistema de categorização (Pierrehumbert, 2001a: 140-141).

Segundo Bybee (2010), os Modelos de Exemplares direcionam-nos a examinar como interações específicas interagem com o geral. Assim, a partir do pensamento de que o processamento analógico é a base da habilidade humana para criar pronúncias, Bybee (2010: 66-67) recorre à analogia. Sob essa perspectiva, a analogia é vista como um mecanismo que nos capacita a examinar como o específico dá surgimento ao mais geral, para descrever mudanças morfofonológicas em paradigmas morfológicos, aplicando-se tanto em estudos diacrônicos quanto em estudos sincrônicos. Bybee (2010) propõe que o específico (ou seja, as exceções) seja avaliado em relação à informação que fornece sobre a generalização.

A mudança analógica (Bybee, 2010: 75), além de afetar os itens lexicais de baixa frequência, devido à força dos itens lexicais de alta frequência – o efeito de conservação –, também tende a ser aplicada para 1) a expansão de um padrão majoritário, através do nivelamento analógico, e para 2) a expansão de um padrão minoritário, por meio da extensão analógica. Assim, devemos considerar dois tipos de analogias: a) nivelamento analógico: perda de alternância no paradigma; b) extensão analógica: introdução de uma alternância (anteriormente inexistente) em um paradigma.

No caso do nivelamento analógico, a perda de alternância é caracterizada pela criação de uma nova forma regular, quer dizer, uma nova configuração. As evidências do mecanismo de nivelamento analógico, segundo Bybee (2010: 66), são: a) a forma antiga não é imediatamente perdida, mas compete com a forma nova; b) o nivelamento analógico ocorre antes em paradigma de baixa frequência do que em paradigma de alta frequência; c) a configuração da nova forma é baseada, geralmente, na configuração do membro de alta frequência do paradigma.

De ocorrência menos comum em morfologia do que o nivelamento analógico, segundo Bybee (2010: 67), a extensão analógica, caracterizada pela inclusão de uma nova forma alternante em um paradigma, faz uso de um conjunto nuclear de paradigmas que compartilha uma alternância para atrair novos membros. Além disso, a extensão de uma forma irregular raramente ocorre, se a alternância se dá em apenas um paradigma (dois paradigmas parecem não ser suficientes para provocá-la (Bybee, 2001; Bybeee Pardo, 1981).

Após uma visão geral do Modelo de Redes e dos Modelos de Exemplares,[5] apresentamos na próxima seção a metodologia utilizada para desenvolver esta pesquisa.

METODOLOGIA

Para explicar o alçamento pretônico, propusemos que ele possui uma organização morfofonológica específica, ou seja, redes interconectadas. Para testar tal hipótese, categorizamos os verbos infinitivos cuja última vogal da raiz verbal é -e, considerando diversos aspectos gramaticais (conjugação, regularidade/irregularidade, verbo prefixado/não prefixado, categoria verbal, tipo de vogal tônica e de vogal pretônica nas formas flexionadas). A partir da categorização que envolve a forma fonética da última vogal da raiz verbal -e, quando em posição tônica, alguns padrões morfofonológicos foram detectados nas formas flexionadas.

Sobre as categorizações para as formas infinitivas baseadas no tipo de vogal tônica, propusemos uma análise alternativa que consiste na categorização verbal, a partir de padrões morfofonológicos presentes na flexão dos verbos, quanto à forma fonética da última vogal da raiz verbal, quando em posição tônica (por ex., *chegar: ele(a) ch*[e]*ga/eu ch*[e]*go; parecer: ele(a) par*[ɛ]*ce/eu par*[e]*ço; seguir: ele(a) s*[ɛ]*gue/eu s*[i]*go*). Avaliamos as conexões que podem ser estabelecidas entre formas verbais flexionadas de conjugações verbais diferentes, a saber, *eu t*[e]*ço, ele(a) t*[ɛ]*ce* e *eu em*[e]*rjo, ele(a) em*[ɛ]*rge*, verbos de 2ª e 3ª conjugações, respectivamente; *eu esp*[ɛ]*ro, ele(a) esp*[ɛ]*ra* e *eu imp*[ɛ]*ço, ele(a) imp*[ɛ]*de*, verbos de 1ª e 3ª conjugações, respectivamente, e assim por diante.

Para provar a hipótese de que a configuração de redes morfofonológicas é marcada pela equivalência paradigmática entre as vogais [ɛ], [e] e [i], que possibilita a auto-organização dessas vogais, partimos para a análise dessa equivalência em posição tônica, *lócus* de contraste no PB, em razão de seu *status* uniforme.[6] Nossa proposta foi que há um contínuo fonético entre as vogais [ɛ], [e] e [i] em posição tônica, ou seja, um caráter não fragmentado dos segmentos sonoros na fala e uma equivalência morfofonológica entre elas.

No que se refere à hipótese de que padrões morfofonológicos operam a difusão do alçamento pretônico em várias categorias (conjugação, tempo verbal, pessoa gramatical etc.), propusemos a análise dos tempos verbais e suas flexões para a interpretação de categorias e padrões morfofonológicos. Assim, a partir das redes de conexões identificadas, verificamos a(s) categoria(s) verbal(is) cujo(s) padrão(ões) morfofonológico(s) propaga(m) o alçamento pretônico.

Por fim, para a hipótese de que se efeitos de frequência de tipo e frequência de ocorrência nos vários níveis da rede impactam o alçamento pretônico, ou seja, afetam a representação mental do falante, investigamos a frequência em amostra extraída de um banco de dados. Para análise da frequência de ocorrência e frequência de tipo, optamos por fazer o levantamento no *corpus* do Projeto de Avaliação Sonora do Português Atual (ASPA).[7]

A amostra constituiu-se de 583 verbos regulares infinitivos distintos (frequência de tipo) e 64 verbos irregulares infinitivos distintos (frequência de tipo), o que equivale a uma amostragem constituída de 90% de verbos regulares e 10% de verbos irregulares. Além disso, os verbos infinitivos regulares possuem 77% de frequência de ocorrência na amostra e os verbos infinitivos irregulares, 23% de frequência de ocorrência. Esse resultado indica que os verbos regulares são em maior número (90%) em relação aos verbos irregulares (10%), bem como são mais frequentes (77%) do que os verbos irregulares (23%).

Utilizamos o dicionário eletrônico Houaiss para obter o quadro flexional – em todos os modos-tempos e números-pessoas – dos verbos infinitivos em questão, considerando o padrão normativo da gramática tradicional (GT) para o PB.[8]

O quadro flexional é composto de formas flexionadas, conforme o padrão normativo da GT, denominadas, neste texto, formas padrão. As formas que não seguem o padrão imposto pela GT não são discutidas, mas testes empíricos podem ser realizados em trabalhos futuros.

No que se refere à representação fonética da última vogal da raiz verbal, em posição tônica, nas formas flexionadas, a análise permitiu-nos constatar a ocorrência das vogais [ɛ], [e] e [i] nessa posição (por ex., *ele(a) tece*; *eu chego*; *eu/ele(a) quis*), o que nos possibilitou categorizar os verbos infinitivos de acordo com o tipo de vogal que aparece em posição tônica nas formas flexionadas, se [ɛ], [e] ou [i]. Agrupamos, em uma mesma categoria, os verbos que possuíam a mesma conjugação verbal, (ir)regularidade verbal e o mesmo comportamento quanto à realização fonética da última vogal da raiz verbal, em posição tônica, nas formas flexionadas.

A partir da nossa proposta de categorização, postulamos nove categorias específicas para os verbos infinitivos, a partir dos tipos de vogais em posição tônica nas formas flexionadas, conforme Quadro 1 a seguir.

Quadro 1 – Categorização dos verbos
em relação à vogal tônica nas formas flexionadas

CONJUGAÇÃO	REGULAR / IRREGULAR	[-FREQPRDG] / [+FREQPRDG]	CATEGORIA VERBAL	N. FREQUÊNCIA DE TIPO	VOGAL TÔNICA NA FLEXÃO	EXEMPLOS
1ª C	REG.	+	(*esperar*)	370	[ɛ]	ele (a) esp[ɛ]era; eu esp[ɛ]ro
	REG.	-	(*chegar*)	42	[e]	ele (a) ch[e]ga; eu ch[e]go
2ª C	REG.	+	(*tecer*)	168	[ɛ], [e]	ele (a) t[ɛ]ce; eu t[e]ço
	IRREG.	-	(*perder*)	1	[ɛ], [e]	ele (a) p[ɛ]rde; eu p[e]rco
		-	(*querer*)	1	[ɛ], [i]	ele (a) qu[ɛ]r; eu, ele/a qu[i]s
3ª C	REG.	-	(*emergir*)	3	[ɛ], [e]	ele (a) em[ɛ]rge; eu em[e]rjo
	IRREG.	+	(*conseguir*)	50	[ɛ], [i]	ele (a) cons[ɛ]gue; eu cons[i]go
		-	(*impedir*)	6	[ɛ]	ele (a) imp[ɛ]de; eu imp[ɛ]ço
		-	(*transgredir*)	6	[i]	ele (a) transgr[i]de; eu transgr[i]do

Convencionamos que as informações descritas no Quadro 1 seriam representadas em uma etiqueta da seguinte maneira: conjugação + (ir) regularidade verbal + frequência do paradigma + exemplo de um verbo da categoria. Por exemplo, a categoria 1ª C REG [–FreqPrdg] → (*chegar*) indica a categoria dos verbos de primeira conjugação regular que possuem baixa frequência de tipo no paradigma dessa conjugação verbal, classe cujo exemplo ilustrativo é o verbo *chegar*.

Como generalização sobre as três conjugações verbais analisadas, pudemos observar que, considerando a realização fonética da última vogal da raiz verbal representada por -*e* nas formas infinitivas, nas formas flexionadas em posição tônica,[9] podem ocorrer: a) a vogal [ɛ], nos casos das categorias 1ª C REG [+FreqPrdg] → (*esperar*) e 3ª C IRREG

[–FreqPrdg] → (*impedir*); b) a vogal [e], no caso da categoria 1ª C REG
[–FreqPrdg] → (*chegar*); c) a vogal [i], no caso da categoria 3ª C IRREG
[–FreqPrdg] → (*transgredir*); d) as vogais [ɛ] e [e], nos casos das categorias 2ª C REG [+FreqPrdg] → (*tecer*), 2ª C IRREG [–FreqPrdg] → (*perder*) e 3ª C REG [–FreqPrdg] → (*emergir*); e) as vogais [ɛ] e [i], nos casos das categorias 2ª C IRREG [–FreqPrdg] → (*querer*) e 3ª C IRREG [+FreqPrdg] → (*conseguir*).

Há, portanto, casos de verbos cuja vogal tônica se manifesta sempre como [ɛ] (por ex., *esperar, impedir*); sempre como [e] (por ex., *chegar*); sempre como [i] (por ex., *transgredir*); ora como [ɛ] ou [e] (por ex., *tecer, perder* e *emergir*) e ora como [ɛ] ou [i] (por ex., *querer* e *conseguir*). Considerando essa discussão sobre a realização fonética da vogal -*e*, quando última vogal da raiz verbal em formas flexionadas, destacamos nossa proposta para o alçamento pretônico:

- Argumentamos que são as formas verbais flexionadas que permitem a categorização verbal e que há equivalência paradigmática entre as vogais [ɛ], [e] ou [i] em posição tônica nas formas verbais flexionadas, a qual permite o alçamento em posição átona no PB. Dessa maneira, se há equivalência paradigmática entre as vogais [ɛ], [e] ou [i] em posição tônica, *lócus* de contraste no PB, tal equivalência pode ser propagada para os contextos átonos.

O ALÇAMENTO PRETÔNICO SEGUNDO O MODELO DE REDES

Analisamos a organização das vogais tônicas em redes, uma vez que propomos que a posição tônica é o *lócus* de contraste do PB e que há alternância entre vogais médias anteriores e alta anterior em posição tônica que se propaga para os contextos átonos.

Inicialmente, consideramos as vogais que ocupam a posição tônica nos verbos irregulares da 3ª e 2ª conjugações, que se referem aos verbos com o infinitivo em -*ir* e -*er*, respectivamente, com subgrupos de [+FreqPrdg] e [–FreqPrdg], porque as categorias verbais que postulamos como propagadoras da alternância entre [ɛ], [e] ou [i] em posição tônica no PB inserem-se na classe dos verbos irregulares.

112

Como propugnamos que há alternância entre vogais média anterior e alta anterior em posição tônica, avaliamos, inicialmente, as categorias verbais em que a alternância entre vogais média anterior e alta anterior ocorre, a saber, as categorias 3ª C IRREG [+FreqPrdg] → (*conseguir*) e 2ª C IRREG [–FreqPrdg] → (*querer*). A ordem de análise das categorias 3ª C IRREG [+FreqPrdg] → (*conseguir*) e 2ª C IRREG [–FreqPrdg] → (*querer*) pautou-se por seu número de frequência de tipo, em ordem decrescente: a primeira categoria é constituída por 50 verbos distintos e a segunda, por um só verbo (o mesmo que representa a categoria).

Nossa proposta defendeu que a categoria verbal mais robusta da 3ª conjugação, ou seja, a categoria 3ª C IRREG [+FreqPrdg] → (*conseguir*), devido à sua alta frequência de tipo em relação à categoria 2ª C IRREG [–FreqPrdg] → (*querer*), opera a difusão do seu padrão morfofonológico, favorecedor do alçamento pretônico, atingindo, inicialmente, a categoria verbal com baixa frequência de tipo, no caso, a categoria 2ª C IRREG [–FreqPrdg] → (*querer*).

A alternância das vogais [ɛ] ~ [i] em posição tônica, na categoria 3ª C IRREG [+FreqPrdg] → (*conseguir*), permitiu-nos propor que a relação morfofonológica na flexão verbal entre vogais médias anteriores e alta anterior motiva o alçamento pretônico.

A categoria 2ª C IRREG [–FreqPrdg] → (*querer*) constituída de um só verbo, de maneira análoga à categoria 3ª C IRREG [+FreqPrdg] → (*conseguir*), apresenta ora a vogal tônica [ɛ] (por ex., *ele(a) quer*), ora a vogal tônica [i] (por ex., *eu/ele(a) quis*) em suas formas flexionadas, ou até [eɪ̯] (por ex., *que eu/ele(a) queira*).[10] Os fatos apresentados em relação ao verbo *querer* corroboraram nossa proposta de que a relação morfofonológica na flexão verbal motiva o alçamento pretônico, visto que as vogais [ɛ] e [i] se alternam em posição tônica nessa categoria.

A partir da alternância entre as vogais médias anteriores e alta anterior nas categorias 3ª C IRREG [+FreqPrdg] → (*conseguir*) e 2ª C IRREG [–FreqPrdg] → (*querer*), observamos que, quando a última vogal da raiz do verbo infinitivo é -*e*, essa vogal, nas formas flexionadas, pode se manifestar foneticamente, em posição tônica, ora como [ɛ], ora como [i] nos verbos das categorias 3ª C IRREG [+FreqPrdg] → (*conseguir*) e 2ª C IRREG [–FreqPrdg] → (*querer*). Essa generalização é expressa na Figura 1 a seguir.

Figura 1 – Rede de conexões das vogais tônicas da raiz verbal das categorias 3ª C IRREG [+FreqPrdg] → (*conseguir*) e 2ª C IRREG [–FreqPrdg] → (*querer*)

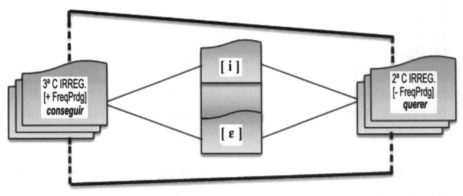

A conexão entre as categorias 3ª C IRREG [+FreqPrdg] → (*conseguir*) e 2ª C IRREG [–FreqPrdg] → (*querer*) representada na Figura 1 indica que a vogal média anterior que ocorre em posição final da raiz verbal (*conseguir, querer*) nos verbos infinitivos possui relação morfofonológica com as vogais [ɛ] (por ex., *ele(a) consegue; ele(a) quer*) e [i] (por ex., *eu consigo; eu/ele(a) quis*) em posição tônica nas formas flexionadas.

Essas vogais, em posição tônica, estão interconectadas na organização gramatical do paradigma flexional verbal, apresentando conexão entre as categorias 3ª C IRREG [+FreqPrdg] → (*conseguir: consegue* e *consigo*) e 2ª C IRREG [–FreqPrdg] → (*querer: quer* e *quis*), porque essas categorias possuem o -*e* em posição de última vogal da raiz do verbo infinitivo. Argumentamos que a categoria 3ª C IRREG [+FreqPrdg] → (*conseguir*), por sua alta frequência de tipo em relação à categoria 2ª C IRREG [–FreqPrdg] → (*querer*), aciona a alternância em posição tônica e a propaga para a categoria 2ª C IRREG [–FreqPrdg] (*querer*), estendendo-se a outras categorias e contextos átonos.

Contudo, há casos de categorias verbais irregulares em que a alternância entre vogais médias anteriores e alta anterior em posição tônica não ocorre, como os verbos da categoria 3ª C IRREG [–FreqPrdg] → (*transgredir*), 3ª C IRREG [–FreqPrdg] → (*impedir*) e 2ª C IRREG [–FreqPrdg] → (*perder*). Nos verbos da categoria 3ª C IRREG [–FreqPrdg] → (*transgredir*), a última vogal da raiz verbal representada por -*e* em formas infinitivas se realiza foneticamente como [i], quando em po-

O alçamento de vogal média anterior pretônica

sição tônica nas formas flexionadas (por ex., *ele(a) trangride*; *eu transgrido*). Os verbos que estão contidos na categoria 3ª C IRREG [–FreqPrdg] → (*impedir*) possuem, quando flexionados, a vogal [ɛ] em posição tônica (por ex., *eu impeço*; *ele(a) impede*). Por sua vez, a categoria 2ª C IRREG [–FreqPrdg] → (*perder*), constituída do próprio verbo que a representa, possui, quando o verbo é flexionado, ou a vogal tônica [ɛ] (por ex., *ele(a) perde*) ou a vogal tônica [e] (por ex., *eu perco*).

Assim sendo, fica evidente a conexão entre as vogais [ɛ], [e] ou [i] e as formas flexionadas dos verbos de 2ª e 3ª conjugações irregulares. Essa conexão indica que a vogal média anterior, que ocorre em posição final na raiz de verbos infinitivos (*conseguir, querer, transgredir, impedir, perder*), possui relação morfofonológica com as vogais [ɛ] (por ex., *ele(a) consegue, ele(a) quer, ele(a) impede, ele(a) perde*); [e] (por ex., *eu perco*) e [i] (por ex., *eu consigo, eu quis, eu transgrido*) em posição tônica, nas formas flexionadas.

Essas vogais estão interconectadas na organização gramatical do paradigma flexional verbal, apresentando conexão entre si. Além disso, as categorias 3ª C IRREG [+FreqPrdg] → (*conseguir*) e 2ª C IRREG [–FreqPrdg] → (*querer*) estão intrinsecamente conectadas à categoria 3ª C IRREG [–FreqPrdg] → (*transgredir: ele(a) transgride* e *eu transgrido),* porque essa categoria possui a vogal [i] em posição tônica, e também à categoria 3ª C IRREG [–FreqPrdg] → (*impedir: ele(a)impede* e *eu impeço*), por possuir a vogal [ɛ] em posição tônica, e à categoria 2ª C IRREG [–FreqPrdg] → (*perder: ele(a) perde* e *eu perco*), por ela possuir as vogais [ɛ] e [e] em posição tônica.

Embora tenhamos concluído nossa análise sobre os verbos irregulares e suas relações com as vogais médias anteriores e alta anterior em posição tônica, vale registrar que há também casos de outras categorias verbais em que a alternância de vogais médias anteriores e alta anterior, pelo padrão normativo da GT, não ocorre em posição tônica, como os verbos regulares de 3ª, 2ª e 1ª conjugação.

No caso dos verbos regulares, avaliamos, inicialmente, as conexões da rede dos verbos da categoria 3ª C REG [–FreqPrdg] → (*emergir*), abordando a qualidade da vogal tônica da raiz verbal representada por *-e* em formas infinitivas em suas formas flexionadas. Quando os verbos da categoria 3ª C REG [–FreqPrdg] → (*emergir*) são flexionados, a úl-

115

tima vogal da raiz verbal em posição tônica é foneticamente realizada, ora como [ɛ] (por ex., *ele(a) emerge*), ora como [e] (por ex., *eu emerjo*).

Quando os verbos da categoria 2ª C REG [+FreqPrdg] → (*tecer*) são flexionados, a última vogal da raiz verbal em posição tônica é realizada foneticamente, ora como [ɛ] (por ex., *ele(a) tece*), ora como [e] (por ex., *eu teço*).

Como generalização sobre a categoria de 2ª conjugação, podemos afirmar que ela possui verbos regulares (por ex., *tecer*) e verbos irregulares (por ex., *perder* e *querer*). As vogais tônicas das formas flexionadas das categorias 2ª C REG [+FreqPrdg] → (*tecer*) e 2ª C IRREG [–FreqPrdg] → (*perder*) ocorrem como [ɛ] e [e]. Por outro lado, na categoria 2ª C IRREG [–FreqPrdg] → (*querer*), ocorre [ɛ] e [i] em posição tônica.

Quando os verbos da categoria 1ª C REG [+FreqPrdg] → (*esperar*) são flexionados, a última vogal da raiz verbal em posição tônica é realizada foneticamente como [ɛ] (por ex., *ele(a) espera*). Por sua vez, quando os verbos da categoria 1ª C REG [–FreqPrdg] → (*chegar*) são flexionados, a última vogal da raiz verbal em posição tônica manifesta-se como [e] (por ex., *eu chego*).

Nossos dados para essa categoria verbal também apontam casos de verbos cujas flexões possibilitam alternância [ɛ] e [e] em posição tônica (por ex., *eu f*[e ~ ɛ]*cho* e *ele(s)/ela(s) f*[e ~ ɛ]*cha(m)*). Contudo, verificamos que essa categoria de verbos que deveria, pelo padrão normativo da GT, apresentar vogal [e] em posição tônica,[11] assim se comporta, porque os verbos apresentam a vogal tônica seguida de consoante palatal [ʃ, ʒ, ʎ ou ɲ]. Tradicionalmente, seria algo como Vt [e] → [ɛ] / Cpal.[12] Segundo Campos (2005: 138), a realização da vogal [ɛ] nessas formas verbais representa "um caso de reestruturação fonotática que ocorre por generalização fonológica".

Em nossa abordagem, as formas *eu f*[ɛ]*cho* e *ele(s)/ela(s) f*[ɛ]*cha(m)* são possíveis, porque o paradigma da categoria 1ª C REG [+FreqPrdg] → (*esperar*) apresenta a vogal [ɛ] em posição tônica nas formas flexionadas (por ex., *eu esp*[ɛ]*ro*, *ele(a) esp*[ɛ]*ra*). Portanto, a realização da vogal [ɛ], nessas formas verbais, ocorre por extensão analógica no paradigma da categoria 1ª C REG [–FreqPrdg] → (*chegar*), motivada pela conexão em rede desse subgrupo de verbos com a categoria 1ª C REG [+FreqPrdg] → (*esperar*): introduz-se a vogal [ε] no paradigma da categoria 1ª C REG [–FreqPrdg] → (*chegar*), porque a vogal [ε] ocorre no paradigma da categoria 1ª C REG [+FreqPrdg] → (*esperar*). As conjugações das categorias 1ª C REG [+FreqPrdg] → (*esperar*) e 1ª C REG [–FreqPrdg] → (*chegar*) são interconectadas por pertencerem à mesma conjugação: -*ar*. Esse subgrupo da categoria 1ª C REG [–FreqPrdg] → (*chegar*), que alterna a vogal tônica [e] e [ε], estaria operando a difusão do fenômeno. A extensão analógica ocorrida na categoria 1ª C REG [–FreqPrdg] → (*chegar*), segundo Campos (2005: 2), "seria devido à generalização de um padrão mais frequente às custas de um padrão menos frequente e tenderia a ocorrer nos verbos menos frequentes primeiro".

Uma predição importante que poderia ser sugerida, a partir da organização morfofonológica discutida sobre a 1ª conjugação, é que, sob nossa perspectiva, a extensão analógica no paradigma da categoria 1ª C REG [–FreqPrdg] → (*chegar*) propicia uma tentativa de nivelamento analógico na categoria dos verbos de 1ª conjugação. Essa hipótese deve ser testada empiricamente em trabalhos futuros.

Levando em conta os verbos de 1ª, 2ª e 3ª conjugações analisados, consideramos que a alternância entre as vogais tônicas [ε], [e] e [i] nas formas flexionadas dos verbos, nas três conjugações verbais, aponta para uma inter-relação entre essas vogais no PB, constituindo uma rede de conexões morfofonológicas. O diagrama a seguir sistematiza essa inter-relação.

Figura 2 – Rede de conexões das vogais tônicas das categorias verbais

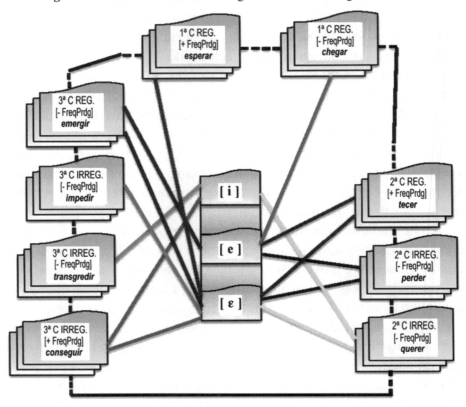

Assim sendo, confirmamos nossa hipótese de que a alternância entre as vogais [ɛ], [e] e [i] em posição tônica no PB se manifesta a partir de relações morfofonológicas e essas vogais estão interconectadas na organização gramatical do paradigma flexional verbal (Figura 2). Essa proposta exclui a alternância das vogais [ɛ], [e] e [i] com as vogais [ɔ], [o] e [u] no paradigma verbal do PB.[13]

Baseados na proposta de Bybee (1985: 118) de que os itens lexicais podem estar conectados, através de similaridade a) fonológica (na forma); b) semântica (no significado); e c) morfológica (na forma e no significado), percebemos, em nossa análise, conexões, em diferentes graus de relacionamento (total ou parcial), estabelecidas entre as categorias verbais propostas em relação às vogais tônicas. Para tanto, ajustamos a denominação das conexões descritas em Bybee (1985), para adequá-las ao nosso trabalho. A saber, denominamos: a) "conexão fonológica total" para os casos que envolvem similaridade completa na forma, ou seja, os casos em que há identidade no tocante à representação fonética da última vogal da raiz verbal nas formas flexionadas, mas os verbos pertencem a conjugações distintas (por ex., 3ª C IRREG [–FreqPrdg] → (*impedir: eu imp*[ε]*ço/ele(a) imp*[ε]*de*) e 1ª C REG [+FreqPrdg] → (*esperar: eu esp*[ε]*ro/ele(a) esp*[ε]*ra*); b) "conexão fonológica parcial" para os casos que envolvem similaridade parcial na forma, ou seja, os casos de semelhanças em partes, no tocante à representação fonética da última vogal da raiz verbal nas formas flexionadas, mas os verbos são pertencentes a conjugações distintas (por ex., 3ª C IRREG [+FreqPrdg] → (*conseguir: ele(a) cons*[ε]*gue/eu cons*[i]*go*) e 2ª C REG [+FreqPrdg] → (*tecer: ele(a) t*[ε]*ce/eu t*[e]*ço*); c) "conexão morfofonológica total" para os casos que envolvem similaridade completa na forma e no significado gramatical, ou seja, os casos em que há identidade no tocante à representação fonética da última vogal da raiz verbal nas formas flexionadas e à conjugação verbal a que pertencem (por ex., 2ª C IRREG [–FreqPrdg] → (*perder: ele(a) p*[ε]*rde; eu p*[e]*rco*) e 2ª C REG [+FreqPrdg] (*tecer: ele(a) t*[ε]*ce; eu t*[e]*ço*); d) "conexão morfofonológica parcial" para os casos que envolvem similaridade parcial na forma e identidade no significado gramatical, ou seja, os casos em que há semelhanças em partes no tocante à representação fonética da última vogal da raiz verbal nas formas flexionadas, mas os verbos pertencem à mesma conjugação (por ex., 3ª C IRREG [–FreqPrdg] → (*impedir: ele(a) imp*[ε]*de/eu imp*[ε]*ço*) e 3ª C IRREG [+FreqPrdg] → (*conseguir: ele(a) cons*[ε]*gue/eu cons*[i] *go*); e) "conexão morfológica" para os casos que envolvem similaridade no significado gramatical, ou seja, os casos em que há identidade no tocante ao tipo de conjugação verbal a que pertencem, se 1ª, 2ª ou 3ª conjugação, mas distinguem-se quanto à representação da forma (por ex., 3ª C IRREG [–FreqPrdg] → (*impedir: ele(a) imp*[ε] *de/eu imp*[ε]*ço*) e 3ª C IRREG [–FreqPrdg] → (*transgredir: ele(a) transg*[i]*rde/eu transgr*[i]*do*). Essas conexões estão sintetizadas na Figura 3 a seguir.

Figura 3 – Rede de conexões entre as categorias verbais
em relação às vogais tônicas

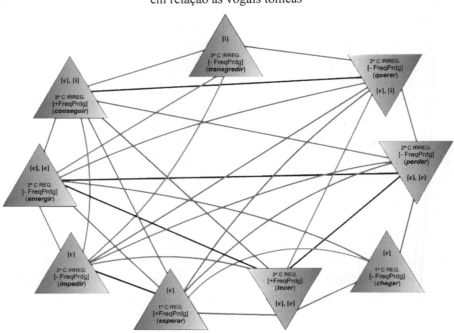

A análise detalhada dessas conexões permitiu-nos constatar que tanto a categoria 3ª C IRREG [–FreqPrdg] → (*transgredir*) quanto a categoria 1ª C REG [–FreqPrdg] → (*chegar*) estabelecem um número mais restrito de conexões, o que não ocorre com as demais categorias, que tendem a estabelecer conexões entre si. A categoria 3ª C IRREG [–FreqPrdg] → (*transgredir*) conecta-se apenas às categorias de 3ª conjugação morfofonológica ou morfologicamente e à categoria 2ª C IRREG [–FreqPrdg] → (*querer*) fonologicamente. A categoria 1ª C REG [–FreqPrdg] → (*chegar*), por sua vez, conecta-se apenas à categoria 1ª C REG [+FreqPrdg] → (*esperar*) morfologicamente e às categorias 3ª C REG [–FreqPrdg] → (*emergir*), 2ª C IRREG [–FreqPrdg] → (*perder*) e 2ª C REG [+FreqPrdg] → (*tecer*), fonologicamente. Ou seja, a categoria 1ª C REG [–FreqPrdg] → (*chegar*) não está conectada nem às categorias que possuem vogal [i] em posição tônica, nem à categoria 3ª C IRREG [–FreqPrdg] → (*impedir*), que possui vogal [ɛ] em posição tônica (exceto os casos do subgrupo da categoria 1ª C REG [–FreqPrdg] → (*chegar*), que permitem alternância [ε] ~ [e] em posição tônica, quando da ocorrência da vogal tônica como [ε]).

A equivalência paradigmática observada entre vogais médias anteriores e alta anterior em posição tônica nos verbos consiste em um fenômeno **sem** motivação fonética no PB. Isso se justifica, porque a motivação para o fenômeno está na organização do paradigma verbal, e não em ações de ajuste motor fino, características dos fenômenos foneticamente motivados (como nasalização de vogal que precede consoante nasal, vocalização de lateral velarizada, redução vocálica etc.). Esse é, portanto, um caso de fenômeno analógico. Esse tipo de fenômeno, sem motivação fonética, sempre aciona segmentos já existentes na língua (Bybee, 2012: 58-60). Nessa perspectiva, o alçamento pretônico possui natureza abstrata e é decorrente de motivação analógica entre formas do paradigma verbal. É um tipo de fenômeno sem motivação fonética e deve, em princípio, afetar primeiro itens lexicais de baixa frequência de ocorrência.

Esse parece ser o caso, já que é exatamente na 3ª conjugação (conjugação verbal que contém baixa frequência de tipo) que o fenômeno opera por generalização analógica para a extensão do padrão morfofonológico minoritário, entre as conjugações verbais, da categoria 3ª C IRREG [+FreqPrdg] → (*conseguir*), categoria robusta entre os verbos de 3ª conjugação cujo padrão já se estendeu à categoria 2ª C IRREG [–FreqPrdg] → (*querer*). Por outro lado, a 1ª conjugação, categoria de alta frequência de tipo e alta frequência de ocorrência, resiste à analogia.

A generalização analógica está baseada nos padrões morfofonológicos que emergem das conjugações verbais, em relação aos tipos de vogais que são realizadas em posição tônica para a última vogal da raiz verbal -*e*, se [ε], [e] e [i]. Os tipos de vogais que ocorrem em posição tônica possibilitam o agrupamento dos verbos por categorias distintas daquelas propostas pelo padrão normativo da GT. As conexões entre as categorias verbais evidenciam em quais se constata alternância entre vogal média anterior e alta anterior, em posição tônica no paradigma verbal: 3ª C IRREG [+FreqPrdg] → (*conseguir)* e 2ª C IRREG [–FreqPrdg] → (*querer*). Nossa hipótese é que a alternância na categoria 3ª C IRREG [+FreqPrdg] → (*conseguir*) teria se propagado para a categoria 2ª C IRREG [−FreqPrdg] → (*querer*) e se propaga para outras categorias por motivação analógica, estendendo-se aos contextos átonos.

O Modelo de Redes postula que os padrões morfofonológicos mais robustos e produtivos – alta frequência de tipo – são os que possuem potencial para serem propagados para outros ambientes, mas, por outro lado, a analogia ocorre em itens lexicais de baixa frequência de ocorrência. Assim, concluímos que os padrões morfofonológicos das categorias 3ª C IRREG [+FreqPrdg] → (*conseguir*) e 2ª C IRREG [−FreqPrdg] → (*querer*) são propagados para outras categorias. Essas duas categorias verbais estabelecem conexões morfofonológicas (o mais forte grau de similaridade, segundo Bybee, 1985: 118), com suas respectivas conjugações. A categoria 3ª C IRREG [+FreqPrdg] → (*conseguir*) conecta-se morfofonologicamente com as categorias 3ª C IRREG [−FreqPrdg] → (*impedir*), 3ª C REG [−FreqPrdg] → (*emergir*) e 3ª C IRREG [−FreqPrdg] → (*transgredir*); e a categoria 2ª C IRREG [−FreqPrdg] → (*querer*), por sua vez, conecta-se morfofonologicamente com as categorias 2ª C IRREG [−FreqPrdg] → (*perder*) e 2ª C REG [+FreqPrdg] → (*tecer*). Apesar de a categoria 2ª C IRREG [−FreqPrdg] → (*querer*) não ser robusta, ela possui alta frequência de ocorrência no PB.

CONSIDERAÇÕES FINAIS

A proposta alternativa que sugerimos conduziu à avaliação dos padrões morfofonológicos do sistema verbal do PB, com ênfase na distribuição da alternância entre as vogais médias anteriores e alta anterior do paradigma verbal em posição tônica. A análise dos padrões morfofonológicos do sistema verbal do PB apontou para relações específicas entre essas vogais (Quadro 1).

Argumentamos, nesta pesquisa, que são as formas verbais flexionadas que permitem a categorização verbal e que, além disso, há equivalência paradigmática entre as vogais [ɛ], [e] e [i] em posição tônica nas formas verbais flexionadas, o que permite o alçamento pretônico. Nossa análise foi fundamentada no Modelo de Redes e argumenta que são os efeitos de frequência, gerenciados por padrões de difusão lexical com motivações analógicas, que refletem a alternância entre as vogais [ɛ], [e] e [i]. Portanto, é a organização morfofonológica do PB que propaga a alternância entre as vogais [ɛ], [e] e [i], em redes interconectadas que gerenciam o léxico. Os padrões morfofonológicos das categorias verbais propostas apontaram-nos graus de similaridade entre as categorias. Detectamos três tipos de conexões: morfofonológicas, morfológicas e fonológicas. A partir da similaridade e equivalência paradigmática, organizamos redes morfofonológicas que indicaram a organização dinâmica e auto-organização do paradigma verbal do PB.

Portanto, em nossa análise, sugerimos que a conjugação de baixa frequência de tipo entre as conjugações, ou seja, a terceira conjugação, representada pela categoria robusta de 3ª conjugação que apresenta equivalência paradigmática entre vogal média anterior e vogal alta anterior, isto é, a categoria 3ª C IRREG [+FreqPrdg] → (*conseguir*), é a propulsora da alternância entre as vogais [ɛ], [e] e [i], e a propagação dessa equivalência paradigmática para outras classes verbais (de outras conjugações) será motivada por interconexões de redes estabelecidas entre os verbos. Esclarecemos que a frequência de ocorrência mostrou-se obscura no caso em estudo.

Concluímos que o alçamento pretônico em verbos constitui um fenômeno dinâmico e complexo que interage em vários níveis da organização gramatical. Dessa maneira, a análise apresentada neste capítulo reflete um pequeno fragmento do sistema complexo em que o alçamento pretônico está inserido, considerando, inclusive, uma convergência entre motivações analógica e fonética, conforme já proposto por Barbosa (2013). Por fim, esperamos que esta pesquisa contribua, de algum modo, para abrir novas perspectivas de investigação em trabalhos futuros.

NOTAS

[1] Para efeito de simplificação, adotamos, daqui por diante, a expressão *alçamento pretônico* para nos referirmos ao *alçamento da vogal média anterior pretônica, na categoria dos verbos do PB*.

[2] Segundo Newell (1990: 7; tradução nossa), *chunk* é "[...] uma unidade de organização da memória formada pela união de um conjunto de unidades já formadas e fundidas em uma unidade maior [...]".

[3] Os Modelos de Exemplares são uma extensão da proposta da Psicologia para a memória e classificação no sentido de que não constituem modelos apenas de percepção (como o modelo psicológico de que se origina), mas de análise da produção, percepção e efeitos da produção-percepção sobre o tempo. A percepção foi estendida para sons da fala por Johnson (1997) e Lacerda (não publicado), produzindo modelo altamente bem-sucedido de categorização, de acordo com Pierrehumbert (2001a: 140).

Fonologia na perspectiva dos Modelos de Exemplares

[4] Denomina-se "exemplar", nessa modelagem, a forma fonética armazenada na memória de um item lexical ou *chunk*, bem como as informações referentes a essas formas, tais como: significado, inferências e aspectos contextuais relevantes ao seu significado (Bybee, 2010: 19).

[5] Para efeito de simplificação, adotamos, daqui por diante, a expressão *Modelo de Redes* para nos referirmos às contribuições teóricas do *Modelo de Redes e dos Modelos de Exemplares* para esta pesquisa.

[6] Não discutimos, aqui, os poucos casos de variação vocálica em posição tônica no PB (por ex., *eu f*[e]*cho ~ eu f*[ɛ]*cho*).

[7] Projeto de Avaliação Sonora do Português Atual. Banco de dados. Universidade Federal de Minas Gerais. Belo Horizonte. Disponível em: <http://www.projetoaspa.org>. Acesso em: 3 ago. 2010.

[8] Estamos cientes de que nem todas as flexões número-pessoais e modo-temporais descritas no padrão da GT são de uso corrente no PB atual, visto que, por exemplo, a segunda pessoa do singular com desinência -*s*, a segunda pessoa do plural com o pronome *vós* e forma verbal correspondente e o pretérito-mais-que-perfeito do indicativo não são formas muito usadas no português falado. Além disso, há o futuro do presente simples, cujo uso, atualmente, restringe-se a situações mais formais. Valemo-nos das formas flexionadas de alta frequência de uso no PB atual, salvo exceções.

[9] Essas vogais estão destacadas em cinza claro na coluna da vogal tônica na flexão, conforme o Quadro 1 apresentado.

[10] Desconsideramos as flexões do verbo *querer* cuja vogal tônica se manifesta como [eɪ] em razão de fugirem ao escopo deste capítulo.

[11] Segundo o dicionário eletrônico Houaiss, "a norma culta" determina, "para o indicativo e o subjuntivo [do verbo *fechar*], nas formas rizotônicas, a pronúncia da vogal *e* fechada (*fecho* /ê/, *fechas* /ê/ etc.; *feche* /ê/ etc.)," mas a pronúncia da vogal *e* aberta é disseminada.

[12] Leia-se: vogal tônica [e] passa à vogal tônica [ɛ], quando seguida de consoante palatal.

[13] Excluímos a vogal [a] desta proposta em razão de a última vogal da raiz verbal do verbo *fazer* se realizar como [a], [e] e [i], em posição tônica (por ex., *f*[a]*z*, *f*[e]*z* e *f*[i]*z*), o que demonstra alternância entre essas vogais em posição tônica nesta posição.

124

Aquisição fonológica em crianças falantes tardios: estudo de caso

Marcela Branco Silva

A aquisição linguística pode se desenvolver diferentemente entre as crianças, mesmo na ausência de algum indicativo de desvio ou patologia. Diversos trabalhos têm apontado que a aquisição da língua depende da interação da criança com o outro, da socialização. Segundo Tomasello (2000c, 2003) e Tomasello et al. (2005), a aquisição da linguagem pela criança depende da interação entre a capacidade neurobiológica inata, que inclui mecanismos cognitivos inatos e a experiência com a língua a que a criança está exposta.

No decorrer do desenvolvimento, porém, podem surgir algumas dificuldades que interferem no processo de aquisição, levando a um atraso da fala. O atraso de linguagem pode aparecer, nesse caso, devido a uma privação de estímulos ou excesso de afeto, como a superproteção, otites por repetição e problemas respiratórios, que, segundo Mousinho et al. (2008), poderiam causar um efeito negativo durante o período inicial de aquisição da linguagem. Nesse caso, o padrão de linguagem característico no atraso é de uma criança com idade cronológica inferior, com a progressão da linguagem ocorrendo em uma sequência esperada, porém, de forma mais lenta. Há poucos trabalhos sobre este tema, direcionados à aquisição fonológica de crianças que têm o português brasileiro como língua-alvo. Assim, tomando como base os pressupostos teóricos dos Modelos Baseados no Uso (Tomasello, 2000, 2003; Bybee, 2010), ou Modelos de Exemplares, este capítulo apresenta os resultados obtidos em um estudo de caso de criança com diagnóstico de *atraso simples*, com o objetivo de observar seu desenvolvimento fonológico em dados coletados longitudinalmente. O comportamento da criança

D.N.C., do sexo masculino, coletado no período entre 4 anos e 4 meses (53 meses) e 5 anos e 3 meses de idade (64 meses) serão comparados aos de crianças com desenvolvimento típico e com os dados de crianças também com diagnóstico de atraso simples com idades no mesmo intervalo. Para Vihman et al. (2009b), os "falantes tardios" (*late talkers* – LT), ou com atraso de linguagem, podem contribuir para o entendimento dos mecanismos básicos da construção do sistema fonológico, oferecendo pistas sobre possíveis causas do atraso.

As seções a seguir apresentam a caracterização do atraso simples, os pressupostos teóricos, a metodologia utilizada no estudo, análise dos dados e as considerações finais. O presente capítulo tem como objetivo analisar como ocorre o desenvolvimento fonológico de uma criança com diagnóstico de atraso, que não é decorrente de déficit auditivo, alteração neurológica e/ou cognitiva. O estudo procurou identificar qual tipo ou nível de conhecimento fonológico estaria afetado nesse caso.[1]

CARACTERIZAÇÃO DO ATRASO SIMPLES

O *atraso na aquisição da linguagem* se refere a crianças que não desenvolveram a linguagem no tempo esperado (Zorzi, 2000; Mousinho et al., 2008), o que leva a uma demora na produção das primeiras palavras. Crianças com diagnóstico de Atraso Simples parecem mais imaturas que aquelas de mesma idade que possuem desenvolvimento da linguagem adequado para a faixa etária.

A etiologia do atraso de linguagem, não decorrente de um comprometimento global, seria de origem extrínseca à criança, podendo ocorrer devido à privação de estímulos, superproteção, trauma psicológico, otites por repetição ou problemas respiratórios. Crianças com atraso tendem a apresentar uso de frases simples, prejuízo na narrativa, vocabulário reduzido devido à falta de experiência, trocas na fala, que às vezes é ininteligível, dificuldade mais significativa na expressão do que na compreensão e menor índice de nomeações (Zorzi, 2000; Befi-Lopes et al., 2012; Mousinho et al., 2008). Em determinados casos, porém, a compreensão pode estar preservada. Lahey e Edwards (1996) observaram que crianças com diagnóstico de atraso produziram várias substituições fonológicas em tarefa de nomeação de figuras.

Os atrasos de linguagem, segundo Zorzi (2000), dividem-se em dois grupos: 1) atraso de linguagem fazendo parte de atraso global do desenvolvimento e 2) atraso simples de linguagem. Ambos se referem a crianças que não adquiriram a língua materna no tempo esperado. O atraso simples de linguagem é caracterizado por uma não evolução da produção linguística esperada para a idade, podendo a compreensão evoluir no tempo certo. Desse modo, é a capacidade expressiva dessas crianças que se encontra alterada (Zorzi, 2000). Para o autor, o atraso aparece devido a ambientes e situações que não são muito favoráveis ao desenvolvimento da linguagem e tem relação com a qualidade da experiência da criança nas situações de interações com os outros.

Os atrasos de linguagem podem estar associados a outros comprometimentos, isto é, podem aparecer como sintoma principal de outros tipos de desvios do desenvolvimento, que ainda não foram compreendidos, sendo caracterizados inicialmente como atraso de linguagem (Zorzi, 2008), com comprometimento da produção, podendo interferir também na compreensão de enunciados, conforme mencionado anteriormente.

A etiologia dos atrasos simples de linguagem, segundo Befi-Lopes (2003), é extrínseca à criança, que apresenta lentidão no surgimento ou desenvolvimento dos comportamentos linguísticos, de maneira que o atraso se manifesta de forma semelhante em todos os aspectos da linguagem. Todos os comportamentos linguísticos, porém, são adquiridos na mesma ordem do desenvolvimento esperado para seus pares com aquisição típica. Isto é, a aquisição linguística em crianças com diagnóstico de atraso simples se desenvolve paralelamente à de seus pares com desenvolvimento típico, porém com maior vagarosidade.

Befi-Lopes (2003) aponta que ainda há pouco conhecimento sobre o desenvolvimento lexical e as habilidades semânticas de crianças com atraso simples de linguagem. Estudos com crianças com distúrbio específico da linguagem (doravante, DEL), que também apresentam atraso na aquisição, revelam que esse grupo, em teste de nomeação de figuras, apresentou menor índice de nomeações que o grupo de seus pares de desenvolvimento típico (Leonard et al., 1983). Foram observadas dificuldades na recuperação lexical, limitação em armazenar a informação na memória de trabalho e velocidade de nomeação reduzida, apresentando melhor velocidade de nomeação naquelas figuras que eram referentes a palavras mais frequentes na língua. Também foi observado que, além de um menor número de nomeações, crianças com diagnóstico de DEL produzem mais substituições sonoras em teste de nomeação (Lahey e Edwards, 1996). As substituições fonológicas encontradas em crianças com essas alterações de linguagem podem levar a um discurso ininteligível.

Segundo Vihman et al. (2009), as crianças falantes tardios possuem um léxico produtivo pequeno, mesmo estando a compreensão adequada para a idade. Quando comparadas a seus pares de desenvolvimento típico (Vihman et al., 2009b; Vihman et al., 2013), observa-se, em sua produção, um inventário fonético menor, constituído de vocalizações baseadas exclusivamente em vogais, consoantes silábicas, semivogais, consoantes glotais, bilabiais, além de produzirem poucas sílabas com consoante em final de sílaba (em coda) e poucos encontros consonantais, características observadas para crianças adquirindo o inglês britânico. O atraso na aquisição de novas palavras estaria relacionado a uma defasagem da estrutura fonética (limitação da prática vocal ou um balbucio atípico) e representações abstratas mais restritas. Os autores mencionam a importância da prática do balbucio para que os sons-alvo possam ser combinados a padrões articulatórios, possibilitando assim a emergência do controle sobre a produção do som.

Vihman et al. (2013) ressaltam ainda que, apesar de essas crianças serem identificadas pelos pais e responsáveis a partir de um critério lexical, ou seja, devido ao fato de produzirem poucas palavras, tem sido observado que falantes tardios podem ter um atraso em diversas medidas fonéticas no período das primeiras produções (*early words*) e, em idade mais avançada, na morfologia e na sintaxe. Além disso, elas se mostram menos fluentes que seus pares de desenvolvimento típico de mesma idade. Assim, segundo os autores, os falantes tardios (*late talkers*) podem se enquadrar, no curso do desenvolvimento, em uma situação de atraso simples, ou o início tardio de seu desenvolvimento pode ser indicativo de comprometimentos aquisitivos mais profundos, como, por exemplo, o distúrbio específico da linguagem.

Vihman et al. (2009b) apresentam os motivos pelos quais os falantes tardios são de grande interesse, sendo eles: 1) importância clínica, para identificar crianças com distúrbios de linguagem o quanto antes, fazendo-se necessária a distinção entre os tipos de atraso, que podem ser devido a "temperamento individual" ou por questões motoras e de maturação, além de fatores ambientais ou sociofamiliares; 2) fornecer pistas sobre possíveis causas de um atraso ou de distúrbios, ao considerar os mecanismos básicos para a construção do sistema fonológico.

As crianças com atraso de linguagem tendem a alcançar seus pares com desenvolvimento típico em certo período de tempo. Isso ocorreria, segundo Vihman et al. (2013), apresentando a mesma sistematicidade característica do desenvolvimento típico. Assim, as crianças com atraso de linguagem deveriam mostrar essa sistematicidade em relação ao seu desenvolvimento lexical. Os autores ressaltam, porém, que alguns falantes tardios, devido a não induzirem padrões fonológicos em suas palavras iniciais, podem apresentar uma falta de sistematicidade e continuam a apresentar lentidão no crescimento de seu léxico. O conjunto de evidências apresentadas nesses estudos sustenta a hipótese segundo a qual o desenvolvimento fonológico está relacionado com a aquisição lexical. A seção a seguir apresenta os pressupostos teóricos dos Modelos Baseados no Uso, que serviram de base para a pesquisa, um modelo que postula a relação entre léxico mental e emergência de padrões abstratos, dentre eles os relacionados à organização sonora das línguas humanas.

Modelos Baseados no Uso e aquisição fonológica

Os Modelos Baseados no Uso, ou Modelos de Exemplares, postulam que o conhecimento linguístico, especificamente o conhecimento fonológico, é construído a partir da experiência do falante de produção e percepção da língua e a interação com aspectos inatos da cognição. Segundo Beckman et al. (2007), o conhecimento fonológico surge através da generalização sobre a experiência de aquisição e utilização de palavras. Para Storkel e Morrisette (2002) e Munson, Edwards e Beckman et al. (2005), o conhecimento fonológico está relacionado com a estrutura e o crescimento do próprio léxico, uma vez que as abstrações emergem das formas representadas no léxico. O modelo proposto em Pierrehumbert (2003) também postula a relação entre a informação fonética detalhada, a representação das formas das palavras no léxico e a emergência de padrões sonoros abstratos, como relações fonotáticas, e relações morfológicas entre as palavras no léxico. Os Modelos Baseados no Uso, ou Modelos de Exemplares, também procuram explicar como o uso linguístico tem impacto nas representações linguísticas.

Segundo Vihman e Kunnari (2006), Vihman et al. (2009a) e Vihman et al. (2013), durante o balbucio, a criança experimenta a articulação de novos sons e utiliza os sons que exercitou, neste período, nas formas das primeiras palavras (*early words*). Com o desenvolvimento da linguagem, a criança faz generalizações, selecionando determinadas características sonoras das palavras, produzindo formas mais próximas do alvo (*selected words*). Conforme o léxico continua se ampliando, através da aquisição de novas palavras, a criança tende a produzir palavras com características mais distantes das produzidas pelos adultos, porém mais semelhantes entre si (*adapted words*). O estágio do desenvolvimento em que se observa a produção de itens lexicais que compartilham características entre elas, como tipo silábico, tamanho e segmentos, é considerado o momento da emergência de padrões abstratos de representação (Vihman e Kunnari, 2006; Vihman et al., 2013). As características dessas produções envolvem metátese, harmonia consonantal, truncamento de sílabas ou inclusão de segmentos ou sequências específicas da criança (Vihman et al., 2013). Os padrões que aproximam as formas das palavras produzidas pela criança ou *templates* são a indicação de que a criança estabeleceu generalizações sobre as formas das palavras no léxico e organiza as representações em função desses padrões.

Segundo Vihman e Croft (2007), os *templates* correspondem à representação abstrata das palavras no léxico tanto de crianças quanto de adultos. Segundo os autores, os *templates* são identificados em função de: 1) consolidação de padrões em grande parte das palavras produzidas pela criança; 2) ocorrência de formas sonoras que não sejam correspondentes ao alvo adulto; 3) aumento no número de palavras produzidas que se enquadram nesses moldes. Ressalte-se que os *templates* não são inatos e nem universais, visto que nem sempre estão presentes nas primeiras palavras e diferem de uma criança para a outra adquirindo a mesma língua e adquirindo línguas diferentes (Vihman e Croft, 2007; Vihman, DePaolis e Keren-Portney, 2009). Sendo assim, segundo os autores (2010), os moldes lexicais ou *templates* emergem: 1) da familiaridade com os padrões típicos segmentais do adulto; 2) do desenvolvimento do controle dos movimentos e familiaridade com padrões vocais motores (vms) do adulto durante o balbucio; e 3) do aumento da familiaridade com a estrutura implícita no primeiro léxico da criança. O primeiro repertório de padrões fonéticos da criança e sua interação com as palavras a que ela está exposta, tentando reproduzir, servirão de base para a emergência de padrões sonoros abstratos, a partir de generalizações indutivas.

De acordo com Dodd e McIntosh (2010) e Vihman et al. (2013), a causa do atraso na aquisição lexical pode estar relacionada à prática vocal limitada, no sentido de que a criança deixaria de experimentar as novas formas de palavras do *input* do adulto e sua própria produção, interferindo na chamada "autorrecompensa" (*self-reward*). Se as dificuldades fonéticas persistirem, mesmo que a produção de palavras esteja estabelecida, haverá então repercussão tanto na articulação e no planejamento de vocalizações (*vocal motor scheme* – vms) quanto na habilidade em focalizar e representar sequências da fala. Vihman et al. (2013) apontam que, se o atraso fonológico for um indicativo de falta de representações fonológicas abstratas, então a falha dessas crianças em realizar generalizações ou abstrações a partir de itens já adquiridos pode levar a um atraso em outros domínios da linguagem posteriormente. Assim, o atraso na aprendizagem de novas palavras estaria relacionado a uma defasagem proporcionada por uma limitação da prática vocal ou um balbucio atípico, com consequências na forma e representação das primeiras palavras. Segundo os autores, apesar de diversos pesquisadores apontarem que um atraso no desenvolvimento fonético e fonológico acompanharia o atraso no desenvolvimento lexical, não há um modelo que estabeleça claramente essa relação. No entanto, a abordagem da Fonologia na perspectiva dos Modelos Baseados no Uso ou Modelos de Exemplares pode prover uma modelagem para as evidências apontadas nos estudos aqui apresentados, uma vez que estabelecem o pressuposto de que o conhecimento fonológico implícito é emergente das representações das formas das palavras no léxico, que constituem generalizações sobre a fala, a partir da experiência de ouvir e produzir os itens lexicais nas interações linguísticas (Bybee, 2001; Pierrehumbert, 2003; Vihman, 2014).

METODOLOGIA

Os participantes da pesquisa são crianças diagnosticadas com atraso simples na aquisição da linguagem, pacientes do ambulatório de Fonoaudiologia do Instituto de Neurologia Deolindo Couto da UFRJ. Para se chegar a esse diagnóstico, é realizada, primeiramente, uma triagem feita por uma fonoaudióloga que, considerando a queixa inicial, encaminha para o ambulatório específico. É realizada anamnese com os pais e/ou responsáveis, para colher informações pertinentes sobre cada caso. Durante as sessões, são realizadas avaliações fonoaudiológicas referentes à linguagem oral, produção e compreensão, e o comportamento lúdico da criança. Além disso, são realizados encaminhamentos para outros profissionais com o intuito de se chegar a um diagnóstico com maior precisão.

Serão apresentados a seguir os resultados obtidos na avaliação de criança com diagnóstico de atraso simples da linguagem, a partir de dados coletados longitudinalmente. A criança D.N.C., do sexo masculino, nascido e residente na cidade do Rio de Janeiro, foi diagnosticada com atraso simples de linguagem. Segundo dados de seu prontuário, a família procurou atendimento fonoaudiológico sob a queixa principal de "desenvolvimento tardio da fala e produção de frases curtas e de difícil entendimento" (segundo a mãe). Começou a falar as primeiras palavras aos 2 anos de idade e, aos 3 anos, formava as primeiras frases. Iniciou terapia fonoaudiológica com 4 anos e 2 meses (fevereiro/2012), passando a ser atendido por outra terapeuta 8 meses depois (outubro/2012).

Os dados de D.N.C. foram coletados em três sessões. Durante a 1ª coleta, D.N.C. encontrava-se no terceiro mês de terapia fonoaudiológica, tendo acompanhamento semanal com duração de 40 minutos cada sessão. A proposta inicial era realizar 3 coletas, com intervalos de 6 meses cada, porém, devido às dificuldades relacionadas ao acesso à terapia oferecida em hospitais públicos, foi possível acompanhar D.N.C. em 3 seções com intervalos de 7 e 5 meses, respectivamente, entre elas. Também não foi possível a realização da bateria completa de avaliações propostas na pesquisa durante a 1ª coleta.

A metodologia utilizada teve como objetivo capturar o tamanho do léxico das crianças e avaliar o grau de desenvolvimento fonológico. Para tanto, respectivamente, foi aplicado o teste de vocabulário Peabody, de Dunn e Dunn (1997), conforme Capovilla e Capovilla (1997), para avaliar o tamanho do léxico receptivo, e o teste de repetição de não palavras (ou pseudolapavras) de Esteves (2013) em conjunto com o teste ABFW (Andrade, Befi-Lopes, Fernandes e Wertzner, 2004) – nomeação de figuras –, para avaliar o desenvolvimento do conhecimento fonológico.

O teste de repetição de não palavras de Esteves (2013) foi utilizado para verificar a habilidade em fazer abstrações de padrões sonoros em função da acurácia na repetição dos estímulos. O teste é constituído por 30 não palavras (ou *pseudopalavras*) diferenciadas em função do tamanho (dissílabas, trissílabas e polissílabas) e frequência das sílabas que compõem os estímulos. Há 15 estímulos compostos somente por sílabas de baixa frequência de tipo no português brasileiro (PB) e 15 somente com sílabas de alta frequência. Para a elaboração dos estímulos, foi realizado um levantamento de todas as combinações de consoantes e vogais (estrutura CV) em todas as posições prosódicas de dissílabas, trissílabas e de palavras de quatro sílabas com acentuação paroxítona do PB. Esse levantamento foi realizado na Base ASPA/UFMG (www.projetoaspa.org). As não palavras apresentam acentuação paroxítona, que é o molde lexical mais comum no português brasileiro (Gomes et al., 2015: 203). Os itens, gravados por falante do sexo feminino em aparelho digital, em ambiente tratado acusticamente, são apresentados à criança que é orientada a repetir os estímulos da forma que os ouvir. As não palavras foram apresentadas através do programa DMDX para Windows. Os escores de acurácia foram obtidos utilizando-se a medida proposta por Esteves (2013), segundo a qual, na forma produzida pela criança, cada segmento diferente do alvo recebe 1 ponto; igual ao alvo, 2 pontos; cada acréscimo de segmento recebe -1; e cada omissão recebe 0. Para o cálculo do grau de acurácia, divide-se o valor obtido para a produção da criança pelo total de pontos do item-alvo.

Todas as produções foram gravadas para posterior transcrição e análise. As transcrições foram realizadas por duas pessoas. Os casos em que não foi possível resolver a divergência de interpretação foram eliminados e constituem menos de 2% do total de dados obtidos.

O Quadro 1 a seguir apresenta a descrição das coletas referentes à D.N.C. com relação aos testes aplicados em cada uma delas.

Fonologia na perspectiva dos Modelos de Exemplares

Quadro 1 – Avaliações aplicadas durante as três coletas

1ª Coleta	2ª Coleta	3ª Coleta
ABFW	ABFW Peabody Repetição de não palavras	ABFW Peabody Repetição de não palavras

Fonte: Silva (2014: 32).

Conforme pode ser observado, na 1ª coleta foi aplicado somente o teste de nomeação de figuras ABFW e, na 2ª e 3ª coletas, foram aplicados os três testes previstos: teste ABFW, Peabody e o teste de repetição de não palavras.

As hipóteses de trabalho se baseiam nos pressupostos teóricos dos Modelos Baseados no Uso, apresentados na seção "Modelos Baseados no Uso e aquisição fonológica", que postulam a emergência do conhecimento fonológico a partir das palavras representadas no léxico, relacionadas à experiência do falante com a língua.

Munson, Kurtz e Windsor (2005) apontam que, quanto maior o vocabulário, mais maduro está o nível de conhecimento fonológico. Gathercole (1995) verificou que a repetição de não palavras está estritamente ligada à capacidade de aprendizagem do vocabulário e que o desempenho no teste de memória fonológica, repetição de pseudopalavras, seria um indicador do desenvolvimento fonológico.

RESULTADOS

O caso de D.N.C foi analisado a partir de coleta longitudinal, conforme mencionado anteriormente, realizada no Ambulatório de Fonoaudiologia do Hospital Deolindo Couto da UFRJ. No teste de vocabulário por imagens Peabody, que fornece índices de tamanho do léxico do participante, os resultados obtidos indicam que D.N.C. se encontrava abaixo do esperado para sua idade, tanto na 2ª quanto na 3ª coletas, conforme pode ser observado na Tabela 1 a seguir:

Tabela 1 – Comparação entre os escores esperado e atingido por D.N.C. no teste Peabody

Coleta	Idade (meses)	Escore esperado – PBDY	Escore atingido – PBDY
1ª	53	--	--
2ª	59	64 pontos	27 pontos
3ª	64	70 pontos	38 pontos

Legendas: PBDY = teste de vocabulário receptivo Peabody; os espaços preenchidos por traços indicam que não houve aplicação do teste Peabody durante a 1ª coleta

Fonte: Silva (2014: 39).

Esses resultados evidenciam um atraso no vocabulário receptivo de D.N.C., que, aos 4 anos e 11 meses (59 meses), encontrava-se equivalente à idade de 2 anos e 1 mês (25 meses). Durante a 3ª coleta, quando completou 5 anos e 4 meses (64 meses), D.N.C. atingiu escore referente a 3 anos (36 meses). Observa-se que, em 5 meses de intervalo entre as coletas, houve aumento no tamanho do léxico, correspondendo a uma diferença do esperado para crianças com 1 ano de diferença de idade. Ressalte-se que, apesar do aumento no tamanho do léxico, o vocabulário receptivo de D.N.C. continuou defasado em relação ao esperado para sua idade, conforme apresentado na Tabela 1.

A Tabela 2 a seguir apresenta o desempenho de D.N.C. no teste de linguagem infantil de nomeação do ABFW, em relação à média global de acurácia na nomeação de itens lexicais do português brasileiro, e à média global na repetição de não palavras. Os escores de acurácia foram obtidos aplicando a medida de Esteves (2013), conforme apresentado na seção "Modelos Baseados no Uso e aquisição fonológica". Observa-se que, na 1ª coleta, na nomeação de palavras do ABFW, o escore global é igual a 0,73, tendo um aumento na 2ª coleta, que se aproxima mais de 1 e, novamente, uma diminuição na 3ª coleta. Já em relação à repetição de não palavras, os escores de acurácia da 2ª e 3ª coletas, já que não houve aplicação desse teste na primeira coleta, são semelhantes e estão abaixo dos obtidos nas nomeações de palavras do PB e, portanto, mais distantes de 1, equivalente à produção igual ao alvo, no caso, o estímulo do teste.

Tabela 2 – Escores globais de D.N.C.
no teste de nomeação (ABFW) e repetição de não palavras

Coleta	Idade (meses)	NOMGL	REPTGL
1ª	53	0,73	--
2ª	59	0,87	0,56
3ª	64	0,78	0,5

Legendas: NOMGL = Nomeação Global; REPETGL = Repetição Global
Fonte: Silva (2014: 40).

Quando comparado a duas crianças (Cr1 e Cr2) de 5 anos que foram avaliadas para a presente pesquisa com o mesmo diagnóstico de atraso de linguagem, porém em processo de alta fonoaudiológica, D.N.C., de acordo com a pontuação obtida na terceira coleta, se encontra abaixo do observado para essas crianças, como pode ser visto na Tabela 3 a seguir, tanto em relação à pontuação obtida no teste de vocabulário receptivo quanto à média de acurácia obtida nos testes de nomeação do ABFW e de repetição de não palavras.

Tabela 3 – Escores globais de duas crianças
com atraso de linguagem e D.N.C. aos 5 anos nos três testes

Indivíduo	Idade (meses)	Escore esperado – PBDY	Escore obtido – PBDY	NOMGL	REPETGL
Cr1	70	77 pontos	69 pontos	0,98	0,86
Cr2	69	76 pontos	113 pontos	0,99	0,89
D.N.C	64	70 pontos	38 pontos	0,78	0,5

Legendas: PBDY = teste de vocabulário receptivo Peabody; REPETGL = escore global no teste de repetição de não palavras; NOMGL = escore global no teste de nomeação de figuras ABFW.

Fonte: Silva (2014: 40).

Os escores globais obtidos por crianças com desenvolvimento típico (DT), mais novas e na mesma faixa etária de D.N.C, na 2ª e 3ª coletas, respectivamente 0,93, para crianças com média de 4 anos de idade, e 0,93, para crianças com média de 5 anos, também estão acima dos escores obtidos por D.N.C., respectivamente, 0,56 e 0.5, conforme a Tabela 2. O escore global das crianças com desenvolvimento típico na faixa etária de 4 anos também foi obtido para o presente estudo a partir da coleta de dados de 4 crianças estudantes da escola municipal Desembargador Montenegro. A pontuação encontrada no grupo com desenvolvimento típico de 5 anos foi retirada da dissertação de mestrado de Mendes (2014), que analisou 66 crianças com DT, sendo 20 com 5 anos. Nota-se que, em ambos os grupos, não há diferença significativa entre as faixas etárias.

As Tabelas 4 e 5 a seguir apresentam as médias dos escores de acurácia obtidos na repetição de não palavras em função das variáveis de controle dos estímulos: frequência das sílabas constituintes das não palavras e tamanho em função do número de sílabas. A Tabela 4 a seguir apresenta os resultados relativos à acurácia de repetição das não palavras por D.N.C. nas duas coletas, e, portanto, com diferentes idades, em função da frequência das sílabas dos estímulos.

Tabela 4 – Acurácia na repetição
de não palavras por D.N.C. em função da frequência das sílabas

Coleta/Idade	REPNONW +frequente	REPNONW -frequente
2ª (59 meses)	0,56	0,68
3ª (64 meses)	0,61	0,39

Legendas: REPNONW +freq = repetição de não palavras mais frequentes; REPNONW -freq = repetição de não palavras menos frequentes.

Fonte: Silva (2014: 43).

Nas duas coletas, a média dos escores obtidos para os dois tipos de frequência de sílaba constituinte dos estímulos se mostram distantes de 1. No entanto, os resultados, em relação à frequência, se mostram aparentemente contraditórios, com acurácia maior nos estímulos formados por sílabas menos frequentes na 2ª coleta (4 anos e 9 meses) e, na 3ª coleta (5 anos e 3 meses), nos estímulos formados por sílabas mais frequentes. Porém, nota-se que a diferença entre os escores das repetições de não palavras compostas por sílabas -frequentes e +frequentes, aos 4 anos e 9 meses, foi relativamente baixa, 0,12, ao passo que foi de 0,22 na 3ª coleta. Portanto, não há uma diferença significativa entre os dois tipos de estímulos na 2ª coleta, sendo a repetição de ambos os estímulos igualmente difícil para D.N.C. Os resultados obtidos na 3ª coleta estão na mesma direção do observado no trabalho de Mendes (2014) para a mesma faixa etária. Para Pierrehumbert (2003), o efeito de frequência está diretamente relacionado ao tamanho do léxico, sendo o efeito de frequência dos constituintes dos estímulos devido ao fato de o léxico das crianças nessa idade ainda não ser de tamanho suficiente para conferir robustez a padrões menos frequentes na língua. Mendes (2014) mostra que o efeito de frequência desaparece a partir de um determinado tamanho de léxico, correspondente ao escore de tamanho de léxico em torno de 140 e 150 pontos na tabela do Peabody, que corresponde ao tamanho de léxico esperado para crianças com 13 anos, embora não necessariamente esse tamanho de léxico seja atingido somente quando as crianças atingem a idade de 13 anos. Nesse caso, mesmo que o desempenho na repetição de não palavras com constituintes mais frequentes seja melhor do que o de repetição de não palavras com constituintes de baixa frequência, a diferença não tem significância estatística. Gathercole (1995), em estudo de repetição de não palavras com crianças de 4 e 5 anos, levanta a hipótese de que estímulos formados por não palavras com constituintes de baixa frequência e, portanto, baixo grau de semelhança com palavras existentes na língua, dependem da memória de trabalho para a repetição e aqueles classificados como tendo alto grau de semelhança, com constituintes de alta frequência, utilizam o conhecimento lexical da memória de longo prazo. Essa hipótese é refutada por diversos autores, como Beckman, Munson e Edwards (2007) e Esteves (2013), para os quais é o tamanho do léxico que determina o desempenho em relação aos dois tipos de estímulos.

Outro aspecto avaliado foi o efeito do tamanho da não palavra no grau de acurácia de repetição. A Tabela 5 apresenta os escores de acurácia de D.N.C. em função do número de sílabas dos estímulos. Não palavras compostas por duas sílabas foram repetidas por D.N.C. com maior acurácia que aquelas compostas por três sílabas, que por sua vez tiveram acurácia melhor que as de quatro sílabas, evidenciando influência do tamanho do estímulo na acurácia de repetição, nas duas coletas (Gathercole, Willis e Baddeley, 1991; Marton, 2006).

Tabela 5 – Escore de repetição de não palavras de D.N.C. em função do tamanho do estímulo

Coleta/Idade	REPNONW		
	2 sílabas	3 sílabas	4 sílabas
2ª (59 meses)	0,81	0,54	0,46
3ª (64 meses)	0,73	0,66	0,16

Legendas: REPNONW = repetição de não palavras.
Fonte: Silva (2014: 44).

Conforme se observa, o grau de acurácia na repetição decresce à medida que aumenta o número de sílabas do estímulo. Considerando a pontuação obtida no teste do Peabody nas duas coletas, mostradas na Tabela 1, os resultados expressos na Tabela 5 se relacionam ao tamanho do léxico, defasado em relação aos pares de mesma idade com DT, mas, provavelmente, à memória de trabalho. Na 3ª coleta, o resultado obtido para o tamanho das não palavras de 4 sílabas é acentuadamente mais baixo que o obtido para esses estímulos na 2ª coleta, refletindo-se no escore global apresentado na Tabela 2, da mesma maneira que o escore obtido para estímulos com sílabas de baixa frequência, apresentado na Tabela 4.

Com o objetivo de melhor avaliar o desenvolvimento fonológico de D.N.C., passamos para uma análise qualitativa das produções durante a nomeação das palavras do português brasileiro do teste ABFW.

Observou-se que, na 1ª coleta, as substituições realizadas por D.N.C. são caracterizadas por omissões de segmentos, tendo sido observado que houve omissão de laterais ([ʎ] e [l]), fricativas ([v], [z], [s], [ʃ] e [ʒ]), tepe – como segunda consoante do onset complexo –, oclusivas ([k] e [t]) e da semivogal [w], conforme pode ser observado nos exemplos a seguir, [ˈbawdʒɪ] → [ˈba:dʒɪ], [paˈʎasʊ] → [paˈa:sʊ], [ˈkruɪʃ] → [k:uʃ]) e substituições de segmentos ([ˈmiʎʊ] → [ˈmilʊ], [ˈmezə] → [ˈmeʃə]), assim como omissões de sílabas ([saˈpatʊ] → [ˈpatʊ], [heˈlɔʒiʊ] → [ˈɔʒiʊ]. Também são observadas substituições e omissões de segmentos na mesma palavra, como em [ˈsapʊ] → [ˈbatʃʊ] e [ˈlivrʊ] → [ˈitʃʊ]. Essas substituições de segmentos envolvem mudança de modo e lugar de articulação, além de vozeamento.

A ausência de segmentos em *onset* complexo e coda indica que D.N.C. produziu mais o tipo silábico CV. No caso de sílaba CV, a ausência dos segmentos levou à produção de sílaba V. Quanto às omissões silábicas, nota-se que essas ocorreram em palavras contendo três ou quatro sílabas, resultando, na maioria dos casos, em produções com duas sílabas. Conforme observado nos escores do teste de repetição de não palavras (Tabela 5), o desempenho de D.N.C. é melhor na repetição de estímulos com duas sílabas.

Nas nomeações produzidas na 2ª coleta do ABFW, com escore global acima do obtido na 1ª coleta, observa-se a diminuição das substituições de segmentos e omissões de sílabas e segmentos, o que reflete uma maior correspondência com a forma da palavra-alvo, como nos exemplos, a seguir, [seˈbolə] → [eˈbolə], na 2ª coleta, e [ˈboɪə] na 1ª; [ˈbrasʊ] → [ˈbasʊ] na 2ª e [ˈbaʃʊ] na 1ª. Também foram observadas nomeações iguais ao alvo: [saˈpatʊ] → [saˈpatʊ], [paˈʎasʊ] → [paˈʎasʊ], [ˈsapʊ] → [ˈsapʊ], [ˈmezə] → [ˈmezə], [ˈbawdʒɪ] → [ˈbawdʒɪ].

Na 3ª coleta, ocorre diminuição do escore geral de acurácia (Tabela 2), havendo novamente distanciamento entre as palavras produzidas por D.N.C. e as formas do alvo adulto, porém demonstrando maior proximidade do que durante a 1ª coleta, como observado em [ˈmezə] → [ˈmesə], [saˈpatʊ] → [paˈpatʊ], [ˈsapʊ] → [ˈfapʊ]. Observa-se que

D.N.C. se aproxima do alvo na 2ª coleta e, novamente, se afasta um pouco durante a 3ª coleta. A diminuição da acurácia na nomeação, segundo Vihman (2009b), pode estar relacionada à aquisição de novas palavras e ao estabelecimento de *templates* ou moldes lexicais, resultantes da indução de padrões presentes em itens lexicais que já fazem parte das representações das crianças, e o estabelecimento e generalização desses padrões a outros itens lexicais.

Observando a produção de D.N.C. na 1ª e 3ª coletas, nota-se que ele tende a adaptar padrões do alvo, constituídos por estruturas ccv e a semivogal [w], passando a produzir o tipo silábico cv para ambos os casos. Apesar de D.N.C. não apresentar produções com tipo silábico diferente de cv nas duas coletas, há uma diferença quanto à produção em relação ao tamanho das palavras. Na 3ª coleta, ainda que haja trocas de segmentos durante a produção, já produz palavras com três sílabas, apresentando comportamento diferente da 1ª coleta, na qual produziu as palavras de três e quatro sílabas com duas sílabas. Embora as produções de D.N.C. possam ser consideradas defasadas em relação às produções de crianças com desenvolvimento típico de mesma idade, ao longo das três coletas, seu comportamento evidencia a evolução sistemática presente em crianças mais novas com desenvolvimento típico.

O Quadro 2 a seguir mostra a comparação das características das produções observadas para D.N.C. durante a 3ª coleta, aos 64 meses de idade, e outra criança (E.A.S.) da amostra do estudo de Silva (2014), também com atraso simples na aquisição da linguagem, com 74 meses de idade. Ambas se encontravam com o léxico abaixo do esperado para a idade no momento da coleta: D.N.C. recebeu escore igual a 38 (escore esperado = 70 pontos) no teste de vocabulário receptivo Peabody e E.A.S. atingiu escore igual a 57 (escore esperado = 82 pontos).

Aquisição fonológica em crianças falantes tardios

Quadro 2 – Comparação das características observadas para D.N.C. e E.A.S.

D.N.C. (64 meses)	E.A.S. (74 meses)
Menor repertório de palavras e inventário consonantal	Maior repertório de palavras e inventário consonantal
Maior parte da produção composta de dissílabas	Produção variada entre dissílabas e trissílabas
Omissão da semivogal [w] medial e de [r] e [l] em estrutura CCV	Produção da semivogal [w] medial e de [ɾ] e [l] em estrutura CCV
Harmonia consonantal e/ou reduplicação	Sem harmonia consonantal e/ou reduplicação

A comparação das características observadas em D.N.C. e E.A.S., no Quadro 2, mostra que, embora a segunda criança tenha apresentado léxico defasado, este já é de tamanho maior que o de D.N.C. e seu desenvolvimento fonológico se apresentou mais adiantado que o de D.N.C., no que se refere à estabilização de determinadas rotinas articulatórias de segmentos e características mais abstratas como molde silábico e molde lexical. O caso de D.N.C. pode estar relacionado ao descrito por Vihman et al. (2009b), apresentando defasagem do léxico e estagnando no *template* de duas sílabas no momento da 3ª coleta.

CONSIDERAÇÕES FINAIS

O caso clínico aqui descrito apresenta evidências que corroboram a hipótese da relação entre aquisição lexical e emergência da organização sonora abstrata ou conhecimento fonológico. Espera-se, então, que crianças com atraso de linguagem tenham um atraso na emergência do conhecimento de padrões sonoros abstratos, devido à defasagem no seu léxico. Pode ser que o nível da gramática fonológica, de acordo com a proposta de Pierrehumbert (2003), referente a combinações de unidades segmentais para formar as palavras, esteja defasado nessas crianças. Como aponta Vihman (2009b), pode haver crianças com atraso de linguagem que terão mais dificuldade em alcançar seus pares de desenvolvimento típico, visto que deixam de induzir padrões fonológicos no período de aquisição de novas palavras e também apresentam lentidão no crescimento lexical. É provável que D.N.C. se situe nesse quadro, já que, além da defasem lexical, esteve estagnado no *template* (molde lexical) de duas sílabas durante a última coleta, apesar de ampliar a produção de itens com mais de duas sílabas.

Após a coleta dos dados da pesquisa, foi constatado que, aos 6 anos de idade, D.N.C. ainda permanece em atendimento fonoaudiológico, devido à situação descrita na 3ª etapa e ao comprometimento observado nos demais níveis linguísticos (sintático, semântico e pragmático), além da defasagem em seu vocabulário. Correlacionando o estudo longitudinal com o estágio desenvolvimental de aquisição fonológica, nota-se que, mesmo com a terapia fonoaudiológica, D.N.C. encontra-se ainda com comportamento linguístico semelhante ao de crianças mais novas. Vale ressaltar que D.N.C. recebeu o diagnóstico de atraso simples na aquisição da linguagem no Instituto de Neurologia Deolindo Couto. Porém, no decorrer da pesquisa, esse diagnóstico foi questionado pelas próprias profissionais envolvidas no caso. Esse questionamento também foi levantado durante a realização dessa pesquisa, pois D.N.C. passou a apresentar características diferentes de uma criança com atraso simples, mas, até a conclusão deste trabalho, não foi apresentado outro diagnóstico.

NOTA

[1] A pesquisa obteve aprovação do Comitê de Ética do Hospital Deolindo Couto da UFRJ, processo nº 112.272.

Medidas de avaliação do desenvolvimento do conhecimento fonológico

Suzana Mendes Nery

Diversas medidas têm sido utilizadas nos estudos de aquisição fonológica para acessar a relação entre a produção da criança e a palavra-alvo em dados de produção espontânea e assim produzir parâmetros para a avaliação do desenvolvimento do conhecimento fonológico. Ingram (2002) menciona que houve um movimento para ampliar a avaliação fonológica para além da observação dos segmentos sonoros devido à importância que se atribuiu ao item lexical na aquisição fonológica desde os estudos de Menn (1971) e Ferguson e Farwell (1975). Do ponto de vista teórico, também tem sido apontado, em estudos que se circunscrevem a uma abordagem emergentista do conhecimento linguístico, a partir da relação entre aspectos cognitivos inatos e a experiência da criança com a língua, a importância da relação entre léxico e emergência e organização do conhecimento fonológico como na abordagem dos Modelos de Exemplares ou Modelos Baseados no Uso (Bybee, 2001, 2010; Pierrehumbert, 2003, 2012, 2016).

Este capítulo apresenta uma proposta de mensuração da relação entre produção da criança e da palavra-alvo desenvolvida por Esteves (2013) e aplicada em diversos estudos (Senna, 2013; Mendes, 2014; Silva, 2014; Mendes Nery, 2018) comparada à metodologia proposta em Ingram (2002) com o objetivo de mostrar as vantagens de adoção da primeira sobre a última. Serão utilizados dados do estudo de Mendes Nery (2018), com crianças com implante coclear, na comparação das duas medidas.

As seções a seguir apresentam o teste de Esteves (2013), a comparação entre a metodologia de Esteves (2013) e Ingram (2002), para avaliar a produção da criança em relação à palavra-alvo, e, finalmente, as considerações finais.

O TESTE DE AVALIAÇÃO DE ESTEVES (2013) E HIPÓTESES DE CONHECIMENTO FONOLÓGICO

O teste de repetição de não palavras (ou pseudopalavras) elaborado por Esteves (2013) foi baseado na metodologia proposta por Frisch, Large e Pisoni (2000). O teste é constituído de 30 não palavras que diferem em relação ao tamanho e à frequência de tipo das sílabas, no português brasileiro (PB), que compõem cada estímulo. A utilização de teste de não palavras, ao invés de teste com palavras de uma língua específica, para avaliar o conhecimento fonológico de crianças e adultos, tem a vantagem de eliminar a interferência ou efeito do conhecimento lexical do falante, que envolve a frequência da palavra e seu impacto na representação e acesso lexical. As não palavras não estão representadas no léxico e, portanto, o falante irá acessar o conhecimento internalizado para processar o estímulo e executar a tarefa solicitada, seja de repetição ou de julgamento de aceitabilidade.

Nos trabalhos desenvolvidos utilizando essa metodologia, não palavra se refere a estímulos que tanto podem ser formados somente por segmentos e combinações fonotáticas existentes na língua-alvo, como também podem ser formados por segmentos e sequências de segmentos não existentes. O primeiro tipo de estímulo, e não o segundo, também é referido alternativamente como pseudopalavra (Frisch Large e Pisoni, 2000: 482).

Para a elaboração dos estímulos, foi realizado inicialmente um levantamento na base ASPA/UFMG (www.projetoaspa.org) da frequência de tipo de todas as sílabas com estrutura formada por consoante e vogal (cv) em palavras paroxítonas de duas, três e quatro sílabas do português brasileiro. O *corpus* da base ASPA é composto por 607.392 palavras diferentes em um total de 228.766.402 ocorrências (Cristófaro-Silva, Almeida e Fraga, 2005: 2.270).

O teste é composto por estímulos somente com acentuação paroxítona, porque esta é a acentuação mais frequente para os itens lexicais do PB de duas, três e quatro sílabas, de acordo com o levantamento realizado por Gomes et al. (2015: 203). Posteriormente, com base na metodologia proposta de Frisch, Large e Pisoni (2000), foi calculada a probabilidade de cada sílaba em função da posição prosódica na palavra para cada um dos três tamanhos. Nesse caso, o resultado indica a probabilidade de ocorrência de cada tipo silábico no léxico do PB em função de sua tonicidade (tônica, pretônica ou átona final, a depender do tamanho da palavra). Assim, a probabilidade foi obtida através das frequências de cada uma das sílabas encontradas na base ASPA/UFMG, divididas pelo total de sílabas naquela posição prosódica em palavras de duas, três e quatro sílabas. Após o estabelecimento das probabilidades de ocorrências de cada sílaba em cada posição prosódica de cada um dos três tamanhos de palavra, as sílabas foram classificadas e divididas em constituintes de baixa probabilidade e alta probabilidade. Utilizando-se o comando *"fivenum"* no Programa R, foram estabelecidos os limites de alta e baixa frequência através da distribuição dos valores probabilísticos em quartis para cada posição prosódica da sílaba em cada tamanho considerado, seguindo a metodologia de Frisch, Large e Pisoni (2000). Definido o universo de cada conjunto, foram elaboradas as não palavras com as sílabas de mais baixa frequência e de mais alta frequência do conjunto obtido. Na elaboração das não palavras foram evitadas sequências que pudessem ser interpretadas morfologicamente, como em [patuˈdavə] e [padʒiˈsavə], sequências com segmentos repetidos, como em [patuˈtuvə], e pares mínimos com palavras do PB nos estímulos de três e quatro sílabas, embora não tenha sido possível manter este último critério para os estímulos de duas sílabas, formados por sílabas de alta frequência de tipo no léxico.

Foram elaboradas dez não palavras de duas sílabas, dez de três sílabas e dez de quatro sílabas, totalizando 30 estímulos. Metade dos estímulos de cada tamanho foi composto de sílabas de alta frequência de tipo no léxico e a outra metade, de sílabas de baixa frequência. Os estímulos estão apresentados no quadro a seguir.

Fonologia na perspectiva dos Modelos de Exemplares

Quadro 1 – Estímulos que compõem o teste de repetição
de não palavras de Esteves (2013)

Estímulos	Duas sílabas	Três sílabas	Quatro sílabas
Alta Frequência	'tʃibə 'hadʒɪ 'sɛbə 'masɪ 'mibə	ko'pizə ta'ɾekʊ me'sivə va'bitʊ de'tukə	hela'nitʊ kovi'tunə dʒime'ɾɔtə meku'livə moli'ratʊ
Baixa Frequência	'gɔfʊ 'ʒefə 'ʃeʎʊ 'noʎɪ 'zubɪ	zi'gefə mɔ'ʒepɪ gu'foʃʊ vu'bohɪ ge'pɔnə	ketɔ'niʃʊ givɛ'pofʊ vurɛ'hupə zeʃo'fubɪ ʒopɛ'gefə

O teste de repetição de não palavras tem como objetivo avaliar o conhecimento fonológico do falante através da acurácia na repetição, que está relacionada com a habilidade em inferir padrões sonoros no léxico. Um estudo que utiliza esse tipo de instrumento se ancora na abordagem da Fonologia de acordo com a perspectiva dos Modelos de Exemplares. Segundo esse modelo, o conhecimento fonológico é organizado em diferentes níveis de representação. De acordo com essa abordagem, as representações das formas das palavras no léxico contêm o detalhe fonético presente na fala do qual emergem as abstrações. Munson, Edwards e Beckman (2005) apontam que o conhecimento fonológico é formado por quatro tipos, sendo eles: o conhecimento acústico e perceptual das características dos sons da fala (*percpetual knowledge*); o conhecimento articulatório (*articultory knowledge*); o conhecimento abstrato, envolvendo os moldes lexicais e as restrições fonotáticas (*higher level phonological knowledge*); o conhecimento da variabilidade indexada socialmente (*social-indexical knowledge*). Já Pierrhumbert (2003) propõe cinco níveis ou tipos de representações, sendo eles: nível fonético paramétrico (*parametric phonetics*); nível da codificação fonética (*phonetic encoding*); nível da representação das formas das palavras no léxico (*wordform in the léxicon*); nível da gramática fonológica (*phonological grammar*); nível da correspondência morfofonológico (*morphophonological correspondences*). Apesar da diferença em termos de nomenclatura e conjunto de tipos ou níveis de abstração entre os autores, a hipótese que está sendo levantada, questão central deste modelo teórico, é que o sistema fonológico se estrutura em diferentes níveis de representação, sendo tanto relativos às representações do detalhe fonético fino quanto às representações abstratas que emergem das representações detalhadas.

O tipo de conhecimento fonológico que um teste de repetição de não palavras avalia, na proposta de Pierrehumbert (2003), é o nível da gramática fonológica, que engloba unidades mais abstratas como as sílabas, a estruturação prosódica e as relações fonotáticas, que estabelecem o conjunto de palavras possíveis na língua, assim como aspectos do detalhe fonético fino. Em função da natureza distinta desses níveis de estruturação do conhecimento fonológico, o modelo propõe formas diferentes de representação para cada um dele. Para o nível da gramática fonológica, postula-se uma representação baseada em *templates* (Vihman e Croft, 2007).

Vihman e Croft (2007) defendem a hipótese de uma fonologia baseada em *templates*, denominada *"Radical Templatic Phonology"*. Os autores propõem que os *templates* ou moldes lexicais seriam a forma organizacional para a emergência do conhecimento fonológico pelas crianças e também para a organização do conhecimento fonológico do adulto. *Template* é um padrão sonoro abstrato relativo à forma da palavra. Diz respeito a como a informação sonora está organizada nos itens lexicais. A hipótese central é que a estrutura segmental das palavras é representada através de um *template* fonotático, de um molde lexical, que leva em consideração a relação entre os segmentos que compõem a forma da palavra, organizada a partir da estrutura silábica. Esses padrões fonológicos (ou *templates*) emergem no desenvolvimento linguístico da criança como resultado da prática motora do balbucio e das primeiras palavras, da experiência com a língua-alvo e dos itens lexicais estocados. Inicialmente, a estrutura dos *templates* é bem limitada, não só em termos de tamanho como de componentes e dos tipos silábicos que podem ocorrer. À medida que a criança produz e armazena novos itens lexicais, padrões novos e cada vez mais complexos começam a emergir. De acordo com Vihman (2010: 284), a hipótese é que, após um período de tempo, os *templates* idiossincráticos, isto é, específicos à organização estabelecida pelas crianças com base no seu léxico, vão desaparecer em função de relações mais sistemáticas entre formas produzidas pelas crianças e os alvos dos adultos.

Com relação ao teste que utiliza estímulos de não palavras, a hipótese principal é que as não palavras são processadas a partir de inferências probabilísticas sobre os padrões abstraídos do léxico. Os Modelos Baseados no Uso, ou Modelos de Exemplares, postulam que a frequência com que os itens ou estruturas ocorrem na língua afeta as representações mentais (Bybee, 2001, 2010). Nessa proposta, as representações, que são múltiplas e dinâmicas, são organizadas probabilisticamente a partir da frequência com que os itens lexicais ou estruturas ocorrem na experiência do falante com o uso da língua e da frequência ou produtividade dos padrões abstratos no léxico.

ACESSANDO A ACURÁCIA DA PRODUÇÃO DA CRIANÇA EM RELAÇÃO À PALAVRA-ALVO

Acessar o desenvolvimento do conhecimento linguístico da criança requer uma metodologia que permita estabelecer a relação entre o comportamento manifesto pela criança e o alvo a ser atingido. Conforme mencionado anteriormente, diversas medidas têm sido utilizadas nos estudos de aquisição fonológica. Este capítulo apresenta a proposta de mensuração da relação entre produção da criança e da palavra-alvo desenvolvida por Esteves (2013: 78-79), comparada à metodologia proposta em Ingram (2002), com o objetivo de mostrar as vantagens de adoção da primeira sobre a última.

Na proposta de Ingram (2002), o autor sugere avaliar a aquisição fonológica por meio da análise da palavra inteira ao invés de analisar somente os segmentos. Tal metodologia é compatível com as pesquisas que adotam a hipótese de que todos os itens lexicais são estocados no léxico mental e da centralidade da palavra na aquisição fonológica (Bybee, 2001, 2010; Storkel e Morrisette, 2002; Vihman e Croft, 2007; Vihman, 2014). Em Ingram (2002), são propostas várias medidas que procuram capturar a crescente complexidade dos itens lexicais produzidos pelas crianças ao longo de seu desenvolvimento linguístico. A seguir, são apresentadas duas dessas medidas para comparação com a metodologia proposta por Esteves (2013):

1. *Phonological mean length of utterance* (PMLU) – essa medida reflete o tamanho das palavras produzidas pelas crianças e a quantidade correta de consoantes pronunciadas em função de sua correspondência com o alvo. Para esse cálculo é necessário quantificar o número de segmentos produzidos e somar ao número de consoantes corretas. Por exemplo, se a criança fala ['nanə] em vez de [ba'nanə], a pontuação do PMLU seria equivalente a 6, um ponto por segmento produzido (total de 4 pontos) e mais um ponto para cada consoante produzida corretamente (total de 2 pontos), isto é, de acordo com o alvo.

2. *Proportion of whole-word proximity* (PWP) – essa medida reflete a complexidade com que as palavras são produzidas pelas crianças. Para esse cálculo é necessário dividir a pontuação obtida no PMLU de cada produção da criança pela pontuação do PMLU da forma-alvo do adulto. Se a criança diz ['nanə], o PMLU da produção é 6 e o da forma-alvo do adulto [ba'nanə] terá uma pontuação no PMLU de 9 pontos. Assim, o PWP da produção da criança para ['nanə] será igual a 0,67. Essa medida nos fornece informação a respeito da complexidade das palavras produzidas pelas crianças, uma vez que indica o grau de proximidade entre a forma-alvo e a produzida pela criança, e também pode diferenciar crianças que apresentam PMLU parecidos.

A medida utilizada por Esteves (2013) apresenta semelhança ao que propõe Ingram em relação às medidas de PMLU e PWP, diferindo na maneira de estabelecer a pontuação das diferenças entre alvo e produção da criança, uma vez que todos os segmentos podem receber pontuação, isto é, nesta medida as vogais também são pontuadas. Nas duas propostas, os valores obtidos para o PWP se encontram entre 0 e 1. Esteves (2013) propôs o índice para avaliar a acurácia da produção na aquisição fonológica de indivíduos com distúrbio fonológico, dislexia, distúrbio específico de linguagem e respectivos pares de mesma idade com desenvolvimento típico. A medida procura estabelecer o grau de semelhança entre a forma produzida pela criança e a forma do adulto. De acordo com Esteves (2013: 78-79), deve-se calcular o escore da palavra produzida pela criança, o que corresponde, na proposta de

Ingram, ao PMLU, estabelecer o escore da forma-alvo, e em seguida a divisão entre essas duas medidas a fim de obter o valor de acurácia, o que, na medida de Ingram, corresponde ao PWP. De acordo com Esteves (2013), a acurácia é determinada em relação ao grau de semelhança ou proximidade da produção da criança em relação à forma-alvo. A pontuação de acurácia segue os seguintes critérios, de acordo com a autora, conforme no Quadro 2 a seguir:

Quadro 2 – Proposta de pontuação dos segmentos produzidos em Esteves (2013)

2 pontos – para os segmentos produzidos igual ao alvo 1 ponto – para os segmentos substituídos -1 ponto – para acréscimo de segmento sem correspondente no item-alvo 0 ponto – para segmentos ausentes

Após determinar a pontuação de cada segmento produzido pela criança, somam-se todos os pontos e divide-se o resultado pela pontuação total que o item poderia receber, se pronunciado integralmente igual ao alvo, gerando, assim, o escore de cada item produzido, que pode variar de 0 (zero) a 1 (um). O Quadro 3 a seguir apresenta um exemplo de aplicação da medida de Esteves (2013) para a obtenção do escore de acurácia.

Quadro 3 – Exemplificação de escore de acurácia de acordo com Esteves (2013)

Produção: - - n a n ǝ	**Alvo**: b a n a n ǝ
0 0 2 2 2 2	2 2 2 2 2 2
Pontuação total = 8	Pontuação total = 12
Escore: 8/12 = 0,67	

Se a criança diz [ˈnanǝ] em vez de [baˈnanǝ], a produção receberia 2 pontos para cada segmento correto e 0 ponto para os omitidos. Então, o escore dessa produção seria de 8 pontos. Já o escore da forma-alvo seria de 12. Dividindo-se o escore da produção da criança pelo da forma-alvo (8/12), o valor de acurácia seria 0,67, igual ao valor obtido na proposta de Ingram (2002) para o índice de PWP, mostrado anteriormente.

Assim, de acordo com os exemplos anteriores, observa-se semelhança de resultados na aplicação dessas duas medidas, o PWP de Ingram e a medida de acurácia de Esteves. No entanto, é interessante observar se o fato de as medidas diferirem em relação aos segmentos considerados das produções leva a diferenças na pontuação quando se considera outras produções. Além disso, é importante avaliar, caso haja diferença de resultados obtidos na aplicação dos dois índices, o que essa diferença indica em relação à avaliação do grau de semelhança entre a produção da criança e a palavra-alvo. Na medida de Ingram (2002), o foco da comparação entre produção da criança e alvo está nas consoantes, talvez porque as vogais são raramente substituídas, embora sejam, em alguns casos, ou por ser difícil de determinar, no inglês, idioma de aplicação dessas medidas pelo autor, qual vogal foi produzida em alguns casos. Já na proposta de Esteves (2013), tanto as consoantes como as vogais recebem pontuações iguais para casos de omissão, substituição ou acréscimo, conforme explicitado anteriormente.

Outra diferença encontrada nas duas medidas diz respeito a como se interpreta os casos de acréscimos de segmentos. Na medida de Esteves (2013), segmentos acrescentados recebem pontuação negativa de -1, isto é, para cada segmento acrescentado na produção da criança, o escore computado é subtraído de -1. Para Ingram, esses dados são considerados problemáticos. Ingram (2002) menciona que os casos de acréscimo de segmentos são problemáticos e sugere incluir na análise somente o número de segmentos que a palavra-alvo contém, não contabilizando os casos de acréscimo. Já a proposta de Esteves (2013) registra os casos de acréscimo, através da subtração de -1 da pontuação geral obtida, já que os acréscimos diferenciam a produção da criança em relação ao alvo.

Em Mendes Nery (2018), as duas medidas, doravante Ingram e Esteves, foram inicialmente aplicadas para estabelecer o grau de acurácia na produção de crianças com deficiência auditiva usuárias de implante coclear (ic), após ativação do implante, por meio de amostra longitudinal e amostra transversal. O estudo teve por objetivo observar e traçar o percurso de aquisição fonológica de crianças com perda auditiva neurossensorial bilateral pré-lingual implantadas. O comportamento das crianças com ic foi também comparado ao de crianças ouvintes com desenvolvimento típico, pareadas em função do tempo de exposição ao *input* linguístico. As duas medidas foram aplicadas em uma análise piloto dos dados de cinco crianças da amostra com o objetivo de obter mais informações sobre as medidas e selecionar aquela mais adequada para a pesquisa. Assim, os dados foram analisados utilizando-se as duas medidas, a fim de observar se haveria diferenças entre elas e determinar a escolha de uma das medidas para condução da análise das produções das crianças.

O Gráfico 1 a seguir apresenta a distribuição dos escores obtidos para os mesmos dados nas duas medidas, Ingram e Esteves. Foram observadas 257 produções consideradas como itens lexicais do português brasileiro, produzidas pelo grupo-alvo de crianças da pesquisa. Este conjunto de dados foi obtido das produções de cinco crianças com IC, com idades entre 3 anos e 8 meses e 6 anos e 5 meses e tempo de ativação do implante entre 2 anos e 1 mês e 2 anos e 11 meses. Os dados foram coletados através da gravação de fala espontânea e da prova de nomeação do ABFW (Andrade et al., 2004).

Gráfico 1 – Comparação entre os escores obtidos pelas medidas de PWP Ingram e de acurácia de Esteves

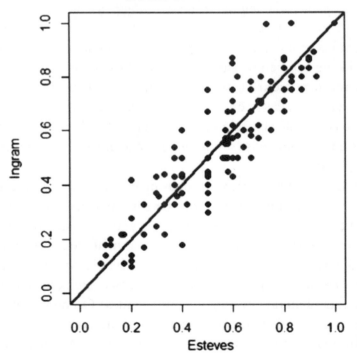

Fonte: Mendes-Nery (2014: 64).

No gráfico, o eixo x situa a pontuação obtida para cada produção analisada com a aplicação do índice proposto por Esteves, e o eixo y, a pontuação obtida através do índice de Ingram para a mesma produção. Das 257 observações, em relação às duas medidas, 49 tiveram o mesmo valor, 133 tiveram valor de Esteves maior que Ingram e 75 obtiveram índice menor. Verifica-se que há um predomínio de escores mais elevados na medida de Esteves. Esses casos podem ser exemplificados pelas produções obtidas para as palavras "saiu" e "cadê" produzidas como [ʃaˈiʊ] e [aˈde]. Na medida de Ingram, as produções recebem os escores de 0,8 e 0,67 e, na de Esteves, 0,87 e 0,75, respectivamente. Embora a diferença entre os escores não seja muito acentuada, no entanto, os resultados têm impacto na média de acurácia e no estabelecimento do perfil de desenvolvimento da criança.

Essas duas medidas estão representadas no diagrama de dispersão (Gráfico 1), onde a reta indica a igualdade das medidas, acima da reta estão as medidas de Ingram e abaixo, os valores obtidos com as medidas de Esteves. A concentração de pontos nos índices maiores da escala do eixo x é indicativa de um número maior de medidas de acurácia mais alta pelo índice de Esteves, conforme mencionado anteriormente. Os pontos que estão próximos da reta indicam que os valores obtidos pelas medidas de Ingram e de Esteves estão próximos. Observa-se uma grande quantidade de dados nesta situação, isto é, valores próximos da reta de dispersão. Tais dados revelam que, apesar de haver somente 49 valores iguais entre a medida de Ingram e a medida de Esteves, grande parte dos outros escores apresenta valores próximos. No entanto, alguns dados apresentam-se bem discrepantes. Por exemplo, essa diferença pode ser exemplificada para um determinado escore de um item que, usando a medida de Ingram, obteve o valor de 1, e, na medida de Esteves, obteve o valor de 0,75. Tais valores correspondem às medidas da palavra *achei*, que foi produzida por um participante da pesquisa com acréscimo de segmento, [apaˈʃeɪ]. Conforme já mencionado, Esteves (2013) propõe que casos de acréscimos de segmentos sejam penalizados, aplicando-se a pontuação de -1 para cada segmento adicionado. Já Ingram sugere fazer a pontuação somente com o número de segmentos que a palavra-alvo contém; nesse caso, quatro segmentos. O problema dessa análise está no fato de que, apesar de ter acrescentado segmentos, a criança produziu os segmentos que compõem a forma-alvo. Se analisarmos os segmentos [a] [ʃ] [e] [ɪ], e excluirmos da análise os segmentos [p] e [a], o escore na medida de Ingram equivaleria a 1. Assim, o valor obtido corresponde a uma forma produzida pela criança igual ao alvo, o que na verdade não ocorreu. Esse é um fator negativo na proposta de Ingram, pois o valor obtido não representa o que ocorre nos dados, indicando que a produção da criança é igual ao alvo (escore igual a 1), quando, de fato, a produção da criança apresenta uma distância em relação ao alvo que pode representar, por exemplo, expansão de *templates* lexicais ou pode estar ainda relacionada a outros aspectos que precisam ser investigados e que podem contribuir para uma melhor compreensão do percurso desenvolvimental da criança.

Outro tipo de dado que provoca discrepância nos resultados entre as duas medidas são as substituições que ocorrem nos segmentos vocálicos. Como Ingram só contabiliza o número de consoantes corretas e não as vogais, se o participante substituir somente a vogal, a produção ganhará pontuação máxima, o que equivale à informação de que a produção da criança foi igual ao alvo. Embora tenham sido poucos os casos, foram registrados casos de substituição de vogais nos dados do estudo de Mendes Nery (2018). Nos dados das crianças com ɪc, foi observada a substituição de vogal nas seguintes palavras: [amaˈɾɛlʊ], produzida como [amaɾˈelʊ], [ˈhɔza], pronunciada como [ˈɔzɪ] e [aviˈ ãʊ̯] produzida como [aviˈɛʊ]. Nesses casos, observamos diferenças entre as pontuações obtidas na proposta de Esteves e Ingram. No caso das produções [amaɾˈelʊ], [ˈɔsɪ] e [aviˈɛʊ], a medida de Esteves resulta, respectivamente, nos escores 0,71, 0,62 e 0,9, e a de ᴘᴡᴘ de Ingram, os escores 0,8, 0,67 e 1, respectivamente. Esses dados revelam que, em todas as três produções, os escores medidos de acordo com a proposta de Ingram são maiores do que os obtidos com a medida de Esteves. A diferença se deve ao fato de o autor não contabilizar os casos de substituição de vogal. Na produção da palavra *avião,* há correspondência entre os segmentos que compõem a forma da palavra-alvo, exceto pela substituição da vogal do núcleo do ditongo pela criança. Na medida de Ingram, esse item recebe escore máximo (= 1), no entanto, sua produção não é igual ao alvo. Já na medida de Esteves, a produção recebe pontuação de 0,9, demonstrando que a produção é bem próxima do alvo, mas não é exatamente igual.

A diferença entre os escores obtidos nas duas medidas, tendendo a serem iguais a 1 ou mais próximos de 1, na medida de Ingram, para os casos de acréscimo de segmentos e de substituição de vogais, tem também como consequência o aumento da média global de acurácia de cada criança, resultante do conjunto de escores obtidos para todas as produções das crianças, o que também pode induzir à conclusão de que, no conjunto, as produções da criança são muito próximas ou iguais ao alvo. E também, ao não contabilizar os casos de substituições de vogais, a medida de Ingram deixa escapar um aspecto importante do desenvolvimento da criança, principalmente pelo registro de sua ocorrência esporádica nos estudos sobre aquisição, que pode ser revelador de aspectos importantes do desenvolvimento do grupo pesquisado. Assim, o registro da ocorrência de substituições de vogais, dada sua baixa probabilidade de ocorrência, pode contribuir para identificar se há um maior ou menor distanciamento, em termos desenvolvimentais, entre crianças adquirindo a mesma língua nas mesmas condições.

CONSIDERAÇÕES FINAIS

O cálculo de acurácia das produções das crianças, proposto por Esteves (2013), se mostrou mais interessante para identificar o grau de semelhança com a forma-alvo no estudo do estágio desenvolvimental de cada criança e na comparação intersujeitos do estudo de Mendes Nery (2018). Trabalhos desenvolvidos com participantes falantes do PB, crianças em idade de aquisição (Mendes, 2014; Silva, 2014) e adultos afásicos (Senna, 2013), utilizaram a medida de Esteves (2013), embora não tenham avaliado sua adequação no tratamento das produções em relação a outras medidas.

A medida proposta por Esteves (2013) tem também aplicabilidade na prática fonoaudiológica, além da já demonstrada em relação ao tratamento de dados com a finalidade de pesquisa com população típica e atípica, uma vez que é um instrumento que permite avaliar o conhecimento fonológico do falante, sendo útil para auxiliar no diagnóstico dos transtornos de linguagem e, ainda, contribuir com informações para elaboração do plano terapêutico de crianças com desenvolvimento atípico.

Variação da coda (r) em interior de palavra na comunidade de fala do Rio de Janeiro: aspectos gradientes

Christina Abreu Gomes
Manuella Carnaval
Marcelo Melo

A realização da consoante (r) em final de sílaba, ou coda (r),[1] é variável no português brasileiro (PB). Diversos estudos têm mostrado que essa consoante é quase categoricamente ausente nos verbos no infinitivo (por ex., *cantar*, produzido como *cantá*), é variável no final de nomes (por ex., *açúcar*, produzido como *açúca*) e no interior das palavras (por ex., *cerveja*, produzida como *ceveja*). Será apresentada uma análise acústica de dados da variação do (r) em final de sílaba em interior de palavra, com o objetivo de ampliar o entendimento sobre a variação da coda (r) em interior de palavra, tendo como foco aspectos gradientes observados na fala, analisados com base na hipótese dos Modelos de Exemplares ou Modelos Baseados no Uso. De acordo com essa abordagem, a variação tem *status* representacional no conhecimento linguístico do falante (Pierrehumbert, 1994, 2001; Bybee, 2001, 2010; Gomes e Cristófaro Silva, 2004; Foulkes e Docherty, 2006; Docherty e Foulkes, 2014; Cristófaro Silva e Gomes, 2017). Os Modelos de Exemplares propõem que a variabilidade observada na fala, que inclui a variação socialmente indexada, faz parte do conhecimento linguístico do falante. Portanto, a representação da forma sonora das palavras no léxico contém o detalhe fonético presente na fala, e que faz parte da experiência do falante com a língua, relativa à produção e percepção em diferentes contextos linguísticos, discursivos, interacionais e sociais. As representações das diversas instâncias de uso são constituídas por um feixe de exemplares, que correspondem às ocorrências observadas no uso da língua pelos indivíduos. Uma vez que se baseiam na experiência com a língua, são atualizadas com base nessa experiência. Portanto, a compreensão da variação entre realização e ausência da coda (r) também inclui a observação de aspectos do detalhe fonético presentes nas produções dos falantes e que integram as representações.

A observação de aspectos do detalhe fonético fino das produções de itens lexicais, classificados como contendo ou não a coda (r), pode trazer contribuições para ampliar o entendimento sobre a variabilidade das produções linguísticas para além da percepção de oitiva do pesquisador. Há evidência de mecanismos associados à ausência de segmento, como o alongamento compensatório detectado no estudo de Guimarães (2004: 89-91), em estudo sobre a alternância [ʃtʃ] ~ [ʃ], como em [ˈplaʃtʃiku] ~ [ˈplaʃiku] *plástico*, no PB. A autora apresenta a análise acústica de itens classificados como "cancelamento de fricativa", como em *escolheste, constipado, instigar, instituto*. Nas produções variáveis foram observadas as seguintes situações: a) ausência completa da africada [tʃ] e realização somente da fricativa alveopalatal [ʃ]; b) sequência de duas fricativas alveopalatais; c) sequência de duas sibilantes, sendo a primeira a alveolar [s] e a segunda a alveolapalatal; d) sequência de duas sibilantes com intervalo entre elas, podendo a primeira ser alveolar e a segunda alveopalatal ou ambas são alveopalatais. A autora levanta como hipótese que poderia ocorrer um aumento compensatório de duração nos casos de ausência da consoante africada nos segmentos mais próximos, como vogal anterior, vogal seguinte ou a fricativa alveopalatal. Os resultados preliminares indicaram que pode haver duração compensatória nos dados em que há ausência da africada. A autora conclui que o aumento de duração de segmentos específicos, neste caso, "pode ser compreendido como uma pista acústica que o falante utiliza para inferir que se trata de um caso de variação sonora" (Guimarães, 2004: 96). Assim, a produção e a percepção da ausência de um determinado segmento na fala podem estar associadas a modificações gradientes dos gestos articulatórios, o que indica uma relação forte entre aspectos articulatórios do momento da produção, e não exatamente a atuação de uma regra de apagamento, supressão ou cancelamento de um determinado segmento. Da mesma maneira, há evidência de gradiência na mudança que envolve características do segmento. Strycharczuk e Scobbie (2019) mostram que a vocalização da consoante lateral anterior na posição de coda, como em *milk* (*leite*), produzida como uma semivogal, constitui mudança em progresso no inglês falado no sudeste da Grã-Bretanha e envolve um enfraquecimento do gesto relacionado à ponta da língua na produção da lateral. Com base em um *corpus* de dados articulatórios obtidos utilizando o ultrassom,[2] os autores identificaram casos em que há de fato a ausência do gesto relativo à ponta da língua, ao mesmo tempo em que observaram gradiência na redução da magnitude do gesto relacionado à ponta da língua. Strycharczuk e Scobbie (2019) mostraram que, além da análise da vocalização da lateral anterior como uma variável discreta binária (Wells, 1982; Wright, 1987; Hardcastle e Barry, 1989; Wright, 1988; Stuart-Smith et al., 2013), realização como consoante ou como glide posterior [w], as produções também envolvem gradiência. Os resultados encontrados da análise do ultrassom mostraram que, entre os falantes que apresentam ausência de contato da ponta da língua como articulador ativo na produção da consoante, há bastante variabilidade, de maneira que se observa uma perda gradiente de contato da ponta da língua, que não necessariamente implica em ausência do gesto da ponta da língua.

O objetivo da análise aqui apresentada é abordar aspectos acústicos relativos aos dados variáveis da coda (r) em interior de palavra, como em *cerveja* ~ *ceØveja*, a partir de dados de falantes da variedade carioca. A compreensão da variação sonora, de acordo com a abordagem dos Modelos de Exemplares, envolve tanto a abordagem de aspectos discretos, como na percepção de oitiva, como também aqueles relacionados à gradiência presente na fala. Portanto, considerando a abordagem dos Modelos de Exemplares, há ainda aspectos a serem explorados no que concerne à variação da coda interna. Uma vez que, na comunidade de fala do Rio de Janeiro, a alternância relativa à coda (r) se manifesta diferentemente se em posição interna, caracterizando-se como de baixa ocorrência nesta posição, comparativamente à realização da coda em final de verbos, com ausência quase que categórica, e final de nomes, com maior variabilidade, que tipo de variabilidade do detalhe fonético pode ser observada para o mesmo item lexical, considerando as duas variantes, realização e ausência da coda? Isto é, em que medida os dados classificados de oitiva como ausência de coda não apresentam qualquer vestígio da articulação da consoante? Ou há alguma gradualidade na produção deste segmento? Observa-se, nesse caso, o mesmo tipo de gradualidade do estudo de Guimarães (2004), de maneira que a ausência de um segmento leva ao alongamento compensatório de outro segmento do item lexical? Com relação aos aspectos acústicos das variantes da coda (r), Caldas e Callou (2014) apresentam uma análise acústica de duas ocorrências do item *cor*, analisadas respectivamente, como presença e ausência da coda (r), no contexto seguido de pausa e em "*cor do céu*", com o objetivo de demonstrar que os casos classificados como ausência de coda, através da classificação de oitiva, correspondem à ausência de segmento na análise acústica.

As próximas seções tratam dos pressupostos teóricos relativos à abordagem da variação linguística de acordo com os Modelos de Exemplares, da realização da coda (r) interna em dados do português carioca, da análise acústica de ocorrências de dois itens lexicais, *porque* e *parceiro*, classificadas como contendo ou não contendo a coda (r), e as considerações finais. A análise aqui apresentada tem como objetivo contribuir para a abordagem da variação sociofonética como representação e suas consequências para o entendimento do conhecimento internalizado pelo falante.

A VARIAÇÃO LINGUÍSTICA E A ABORDAGEM DOS MODELOS DE EXEMPLARES

Adotar o modelo da memória enriquecida de representação linguística (*rich memory model of language representation*) dos Modelos de Exemplares, ou Modelos Baseados no Uso (Bybee, 2010), implica postular que a variação linguística faz parte da representação das formas das palavras e construções que integram o conhecimento linguístico do falante (Bybee, 2002, 2004; 2013; Pierrehumbert, 1994; 2001, 2003; Gomes e Silva, 2004; Foulkes e Docherty 2006; Cristófaro Silva e Gomes, 2007; Dockerty e Foulkes, 2014; Cristófaro Silva e Gomes, 2017). Essa hipótese difere da abordagem da variação como processo, conforme os trabalhos clássicos da Sociolinguística Variacionista, segundo a qual a variação linguística, observada na fala, é resultante de um processo que se aplica a uma forma-base única, formada por unidades abstratas desprovidas de informação fonética fina previsível, sem função distintiva. O tratamento da variação sonora como processo está ancorado em diversas gerações de modelos gerativistas, que propõem uma representação única abstrata das formas sonoras das palavras no léxico, que contém as informações sonoras com função distintiva, e que o mapeamento entre forma abstrata e as formas efetivamente produzidas e percebidas em tempo real na fala se dá através de regras. O estudo clássico de Labov (1994: 166-221) observou a mudança de vogais do inglês (*vowel shift*) como uma variável contínua, localizando a variação da produção dos falantes no espaço fonético paramétrico em função dos valores dos formantes F1 e F2. No entanto, nos estudos sociolinguísticos sobre variação sonora, normalmente o envelope da variação captura o aspecto discreto das variantes em competição, definido em função da alternância entre diferentes segmentos ou também considerando, em alguns casos, a ausência do segmento. Há, portanto, aspectos que envolvem o detalhe fonético e que geralmente não são contemplados nos estudos sobre a variação sonora.

Na abordagem da variação linguística, de acordo com os pressupostos dos Modelos de Exemplares, os falantes armazenam a informação fonética detalhada das quais emergem padrões abstratos de representação (Bybee, 2010; Pierrehumbert, 2016). A hipótese de representação em exemplares tem a vantagem de oferecer um modelo que procura dar conta tanto de aspectos linguísticos como não linguísticos e que permite capturar a variação e a mudança nas representações cognitivas dos falantes, assim como os efeitos de frequência, que têm sido detectados em processos de mudança motivados foneticamente (Bybee e Cacoullos, 2008; Bybee, 2015).

Com relação à mudança sonora, conforme Bybee (2013; 2015), uma vez que as representações são atualizadas de acordo com a experiência do falante com a língua, os exemplares vão gradativamente capturando a mudança. Qualquer modificação na articulação de um som ocorre no momento da articulação propriamente dita, através da redução de gestos articulatórios ou de coarticulações. Portanto, os exemplares vão sendo atualizados em função da produção do falante, da percepção de sua própria produção e da percepção das produções presentes na fala dos indivíduos com quem interage. Dessa maneira, são capturados efeitos de frequência de ocorrência dos itens lexicais.

Itens lexicais de alta frequência de uso vão estar mais sujeitos às mudanças, já que as modificações ocorrem no momento da produção. Com relação à representação das informações sociais, uma vez que o detalhe fonético fino inclui as variantes, além de parâmetros prosódicos, como duração de segmentos, e características relacionadas à voz humana, que expressam idade e sexo, a representação em exemplares oferece a vantagem de incluir a informação relativa à indexação social das formas linguísticas, isto é, aquela que se refere à relação entre formas linguísticas e características sociais dos falantes (Foulkes e Docherty, 2006; Cristófaro Silva e Gomes, 2017).

O tratamento da variação socialmente indexada como representação em feixes de exemplares tem sido adotado em diversos estudos sobre variação linguística para dar conta da: a) percepção de itens lexicais em contexto de mudança em progresso, como no estudo de Hay, Warren, Drager (2006) e Hay, Drager e Warren (2010), sobre a percepção de itens lexicais em situação de fusão (*merge*), como em *year* (*ano*) e *ear* (*orelha*), podendo ser realizados como [iə] no inglês da Nova Zelândia; b) percepção de gênero/sexo dos falantes (Johnson, 2006); c) mudança sonora no indivíduo, especificamente em relação à elevação e tensão da vogal anterior alta final, com em *happY* (feliz), no estudo de Harrington (2006), com dados da Rainha Elizabeth ii, em um período de 50 anos, mostrando que sua fala apresenta mudanças no período que estão na mesma direção de mudanças em progresso no inglês britânico padrão – *Received Pronunciation* ou rp; d) mudança sonora na comunidade de fala, no estudo de Melo (2012, 2017), sobre a fricativa (s) em final de palavra em dois grupos de falantes com diferentes perfis sociais da cidade do Rio de Janeiro, entre outros.

Diversos trabalhos têm apresentado evidência sobre a representação de diferentes variantes do mesmo item lexical (Lavois, 2002; Johnson, 2007; Connine, Ranbom e Patterson, 2008; Bürki, Ernestus e Frauenfelder, 2010; Ernestus, 2014). Bürki, Ernestus e Frauenfelder (2010) mostraram que, para itens do francês que tendem a apresentar a vogal pretônica reduzida, como *genou* (*joelho*) [ʒənu] ~ [ʒnu], diferentemente de *querelle* (*disputa*) [kəʀɛl], em tarefa de produção isolada de palavras, os participantes são mais rápidos em produzir [ʒnu], e não [kʀɛl], uma vez que a primeira, e não a última, é uma redução típica, para este item, encontrada na fala. A questão aqui é que há uma forma específica associada a um item lexical com consequências no processamento da forma reduzida para produção. Já Connine, Ranbom e Patterson (2008) apresentaram evidência de que os falantes representam as variantes das palavras no léxico com base na frequência de ocorrência das variantes e utilizam essa informação no processamento de palavra falada. Um dos experimentos consistiu no reconhecimento da variante com e sem *schwa*, como em *corporate* e *corp'rate* (*corporativo*) e *camera* e *cam'ra* (*câmera*), do inglês, em relação ao julgamento do número de sílabas do estímulo, respectivamente como tendo três ou duas sílabas. Os estímulos consistiram de itens lexicais cuja variante sem o *schwa* é de alta frequência no inglês (por ex., *average* 'média', *factory* 'fábrica') e itens cuja variante sem *schwa* é de baixa frequência (por ex., *gallery* 'galeria', *salary* 'salário'). Os estímulos consistiram na variante com *schwa*, gravados por uma falante nativa do inglês, e manipulados acusticamente resultando em diferentes gradações de redução da vogal *schwa*. Havia, para cada item, cinco estímulos formando um *continuum* que vai da presença à ausência do *schwa*. Os resultados mostraram que itens lexicais que são frequentemente produzidos com o *schwa* tenderam a ser interpretados como contendo duas sílabas, ao passo que os itens que são frequentemente produzidos sem o *schwa* foram associados majoritariamente a três sílabas. Segundo os autores, os padrões de resposta são consistentes com as predições baseadas na estatística de *corpus* que mapeou a frequência das variantes sem *schwa*: o julgamento do número de sílabas dos estímulos ambíguos (aqueles em que a duração da vogal é baixa o suficiente para não ser saliente acusticamente) é função da frequência com que as variantes sem *schwa* são experenciadas pelos participantes. Para os autores, o fato de efeitos de frequência exercerem um papel central no processamento de palavras ratifica a noção de que a frequência é uma dimensão importante de organização do conhecimento lexical (Connine, Ranbom e Patterson, 2008: 403). Isto é, os resultados sugerem que os falantes integram a informação disponível na fala ao conhecimento lexical. Assim, as representações lexicais conterão as variantes presentes na fala, mas a robustez de cada uma delas vai depender da frequência com que são experenciadas pelo falante. Para os itens lexicais que tendem a ocorrer com o *schwa*, essa variante será a representação central ou dominante e a variante com o *schwa* terá uma representação mais fraca. O inverso seria o esperado para itens lexicais cuja variante com *schwa* é mais frequente que a variante sem o *schwa* (Connine, Ranbom e Patterson, 2008: 408).

A VARIAÇÃO DA CODA (R) EM INTERIOR DE PALAVRA NO RIO DE JANEIRO

A variação do (r) em final de palavra tem sido atestada no PB em diversos estudos, porém sua baixa frequência de ocorrência não permite que sejam observados condicionamentos linguísticos e sociais, restringindo as informações ao percentual encontrado, como em Callou (1980, 2008), de 3%, nos dados da Amostra Nurc do Rio de Janeiro. Melo (2017), ao observar diferentes grupos sociais da cidade do Rio de Janeiro, identificou percentuais de ocorrência da variante sem coda que permitiram uma análise de condicionamentos da variação. Os dados foram classificados em função de duas variantes, realização da coda, independentemente da realização fonética, como uma fricativa posterior ou até mesmo tepe, em posição intervocálica, [x ɣ h ɦ ɾ], e a ausência da coda. Os dados foram levantados de três amostras de fala, correspondendo a dois diferentes grupos sociais da comunidade de fala do Rio de Janeiro: falantes da classe média-média e média-baixa (subgrupo da Amostra Censo 2000) e adolescentes moradores de favelas com diferentes graus de inserção social (Amostras Fiocruz e EJLA). A Amostra Censo 2000, constituída entre os anos de 1999 e 2000, é composta por 32 falantes, distribuídos em função da faixa etária (7 a 14, 15 a 25, 26 a 49 e acima de 50 anos), 3 níveis de escolaridade (1º e 2º ciclos do ensino fundamental e ensino médio) e sexo (masculino e feminino). A Amostra Fiocruz, constituída entre os anos de 2010 e 2011, é composta por 24 indivíduos de ambos os sexos (masculino e feminino), com idades entre 17 e 20 anos à época das entrevistas. Todos os indivíduos eram moradores de favelas e estavam cursando o ensino médio em escolas da rede pública de ensino, além de participarem de um curso de formação extraclasse na Fundação Oswaldo Cruz (Fiocruz). A Amostra EJLA, composta por

14 indivíduos, foi constituída entre 2008 e 2009. Todos os indivíduos que compõem a Amostra EJLA são do sexo masculino, tinham entre 14 e 20 anos e, à época das entrevistas, cumpriam medida socioeducativa de internação em instituição pública do estado do Rio de Janeiro. Além de serem moradores de favelas e de não terem acesso ao ensino formal, os falantes da EJLA apresentam vínculos familiares bastante fragilizados e um alto grau de vulnerabilidade social. Os dados foram levantados de 8 indivíduos de cada amostra.

A pouca quantidade de itens em que a coda (r) interna não foi realizada entre os falantes do subgrupo da Amostra Censo 2000, 4% em um total de 994 ocorrências, permitiu apenas capturar condicionamentos sociais: a não realização é favorecida entre falantes mais jovens (8,8%) e de menor escolaridade (8,8%). Em relação aos adolescentes das outras duas amostras, Fiocruz e EJLA, os percentuais obtidos foram, respectivamente, 17% em 923 ocorrências, e 25% em 963 ocorrências. Os dados de cada amostra dos adolescentes foram submetidos separadamente à regressão logística para análise de efeitos mistos no Pacote Rbrul, com as variáveis de efeito fixo "contexto seguinte", "contexto anterior", "tamanho do item", "tonicidade da sílaba em que o (r) ocorre" e "indivíduo", e "item lexical" como efeito aleatório. Nessa rodada, "indivíduo" pôde ser considerado de efeito fixo por não haver nenhuma outra variável social sendo avaliada, dada a especificidade das duas amostras. Os resultados encontrados foram os mesmos para os dois grupos de falante, indicando as seguintes variáveis como significativas no condicionamento da variaçãos: a) Amostra Fiocruz: contexto seguinte (p-valor: 7.72e-08) + indivíduo (p-valor: 3.18e-07); b) Amostra EJLA: contexto seguinte (p-valor: 5.25e-10) + indivíduo (p-valor: 0.00142). Em ambas as rodadas, a variável item lexical mostrou uma grande variabilidade para os itens lexicais. Com relação ao contexto seguinte, foi observado favorecimento da ausência da coda quando a consoante seguinte é uma fricativa, 52,6%, e peso relativo de .904, nos dados da Amostra Fiocruz, e 80,7% e peso relativo de .995, na Amostra EJLA. A ausência da coda é desfavorecida quando seguida das demais consoantes. Esse resultado indica um forte processo de assimilação da coda, que é majoritariamente realizada como uma fricativa posterior, com ponto de articulação velar ou glotal, na cidade do Rio de Janeiro. Com relação ao comportamento dos itens lexicais, observou-se que, nos itens com mais de seis ocorrências no *corpus* que apresentavam variabilidade, o contexto seguinte à coda era constituído por uma consoante fricativa (*curso*, *Marcelo*, *terceiro*, *exército*, *parceiro*), ao mesmo tempo em que também foi registrada uma forte tendência de ausência da coda no item *porque*. Nesses itens, na amostra estudada, predomina a realização da variante sem coda. No entanto, devido ao tamanho da amostra, somente o item *porque* foi bastante frequente na amostra.

Em uma abordagem com base nos pressupostos dos Modelos de Exemplares, efeitos de condicionamentos fonéticos e o comportamento de itens lexicais individualmente ou em função de alguma propriedade, como frequência de ocorrência, são acomodados em um mesmo modelo. O efeito do contexto seguinte vai impactar a representação, uma vez que, se há motivação fonética no condicionamento da variação, uma determinada articulação vai tender a se implementar naquele(s) contexto(s), na produção, com consequências para a atualização dos exemplares na representação do item lexical. E as representações dos itens lexicais vão se organizar diferentemente em função da dinâmica da variação, resultante dos condicionamentos linguísticos e sociais observados para cada grupo social, isto é, em função da experiência dos falantes com a língua.

Melo (2017) também observou o comportamento de falantes em relação à percepção da coda (r) interna, buscando identificar se os falantes atribuem algum significado social às duas variantes e qual seria. Os participantes que se submeteram ao teste de percepção são indivíduos dos mesmos grupos sociais, ou com, pelo menos, padrões sociais semelhantes, aos falantes que compõem as amostras de fala do estudo de produção anteriormente mencionado: um grupo de falantes pertencentes à classe média-média e média-baixa; dois grupos de adolescentes moradores de favelas da cidade com diferentes graus de inserção social. Os resultados mostram que, quando a coda não era realizada em um estímulo, a sentença não era bem avaliada pelos participantes com perfil de classe média-média e média-baixa, além do grupo de adolescentes com maior inserção social. Por outro lado, o grupo de adolescentes com pouca inserção social não fez distinção entre a realização ou não do (r) em coda interna, isto é, não atribui valor negativo ou de prestígio a nenhuma das variantes. Além de os participantes da classe média-média e média-baixa não avaliarem bem os estímulos sem a coda (r), os resultados apontaram que a realização da coda foi associada à noção de prestígio entre os participantes desse grupo, fato este que não foi observado nos dois grupos de adolescentes moradores de favela, independentemente do grau de inserção social desses adolescentes.

O estudo de Melo (2017) permitiu observar que a variação da coda (r) em interior de palavra é condicionada pelo contexto seguinte, apresenta grande variabilidade nos indivíduos do mesmo grupo social e também nos itens lexicais. Do ponto de vista da avaliação social, foi possível identificar que a atribuição de valor social às variantes depende de características sociais do indivíduo, não havendo, portanto, um mesmo padrão de avaliação da variação compartilhado entre os falantes da cidade do Rio de Janeiro. No entanto, considerando a abordagem dos Modelos de Exemplares, há ainda aspectos a serem explorados no que concerne à variação da coda interna que dizem respeito ao detalhe fonético observado na fala. A seção a seguir apresenta a análise acústica de ocorrências de dois itens lexicais levantados da Amostra EJLA utilizada no estudo de Melo (2017).

ANÁLISE DOS DADOS

Nesta seção, serão apresentados os resultados da análise acústica de ocorrências de dois itens lexicais coletados da Amostra EJLA, produzidos pelo mesmo falante (ran), *parceiro* e *porque*. O item *parceiro* teve apenas 12 ocorrências nesta amostra, sendo 9 sem coda, correspondendo a 77,8% do total. O item *porque* teve 94 ocorrências, sendo 75 sem coda, correspondendo a 80% do total. O item *parceiro* apresenta contexto favorecedor da ausência da consoante (coda interna seguida de fricativa) e o item *porque*, contexto desfavorecedor. Foram selecionadas 6 ocorrências de cada item, 3 classificadas como contendo a coda e 3 sem coda. Houve convergência de classificação de cada ocorrência na avaliação de cada um dos autores deste capítulo.

Análise acústica: espectograma e forma de onda

Após realizar a segmentação dos itens *porque* e *parceiro* nos áudios selecionados no programa de análise acústica Praat (Boersma e Weenik, 2018), foi possível observar de forma mais concreta a presença ou ausência da coda (r). Os critérios de segmentação aqui adotados foram estabelecidos de acordo com as características fonéticas dos segmentos, observadas na forma de onda e no espectograma de banda larga. Em relação à forma de onda, podem-se notar alterações no fluxo da fala ao longo do tempo, observando seu formato, periodicidade e amplitude. No espectograma, os pontos de observação interessantes para a segmentação são as características formânticas, a presença de ruídos e de trechos de silêncio.

Para o item *parceiro*, nos casos de presença da coda (r), foram observados os limites em relação ao segmento vocálico que o antecedia, a vogal [a], e ao segmento fricativo que o seguia [s]. Os segmentos vocálicos foram observados, principalmente, a partir do espectograma, já que são sons que apresentam mais energia formântica do que os demais, sendo de fácil percepção nas áreas mais escuras do espectograma, que indicam maior concentração de energia. Assim, essas áreas foram utilizadas como critério para delimitar a segmentação das vogais. Já a consoante fricativa [s] foi identificada no espectograma por um ruído contínuo, também observável no formato de onda.

Essas características podem ser observadas na Figura 1, que ilustra a realização da coda (r) na produção do item *parceiro*. Esse contexto é favorecedor da ausência da coda, de acordo com a análise sociolinguística de Melo (2017). Assim, observa-se, na delimitação da palavra *parceiro* dentro do enunciado "não é assim, parceiro", o ponto mais escuro (de maior energia formântica) no espectograma, relativo ao segmento vocálico [a], que antecede a coda (r), identificada por um ruído contínuo de maior amplitude, observável no formato de onda acima do espectograma. O limite da coda (r) foi marcado no ponto em que o ruído contínuo passa a apresentar menor amplitude, iniciando o próximo segmento, a fricativa [s].

Figura 1 – Realização da coda (r) na produção do item *parceiro* dentro do enunciado *não é assim, parceiro.*

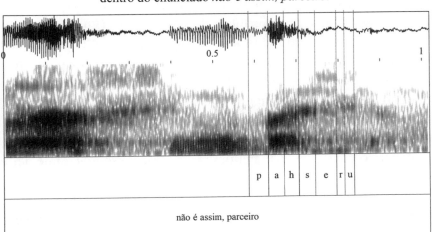

Esta realização pode ser contraposta à produção do mesmo item sem a realização da coda (r), como pode ser observado na Figura 2, em que, ao segmento vocálico [a], segue-se a realização da fricativa [s], em um ruído contínuo de baixa amplitude no formato de onda. Pela segmentação, é possível observar um alongamento da fricativa [s] e da vogal [e] que o segue na sílaba tônica ['se], o que já poderia ser considerado um indício de compensação da ausência da coda na sílaba anterior [pa].

Figura 2 – Ausência da coda (r) na produção do item *parceiro* dentro do enunciado *que... né, parceiro*

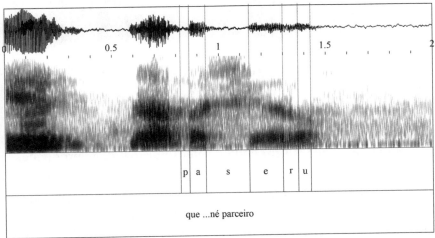

Em relação ao item *porque*, a realização da coda (r) foi observada entre o segmento vocálico [u], identificado na área mais escura do espectograma, e pelo formato de onda mais regular e contínuo, e o segmento oclusivo [k], considerando todas as etapas de sua articulação. Assim, o início da consoante oclusiva foi marcado no silêncio referente à etapa de obstrução, visível no espectograma pela área mais clara neste segmento. Esse silêncio é seguido pela plosão, liberação da corrente de ar, identificada por uma faixa mais escura após o silêncio e, por fim, ocorre a transição até o início da vogal, identificado pelas zonas de maior energia, mais escuras, onde delimitamos o fim da oclusiva.

A Figura 3 a seguir ilustra a presença da coda (r) entre o segmento vocálico e a consoante oclusiva na produção do item *porque* no enunciado "*porque, um exem(plo)...*". A coda é observável pelo ruído contínuo entre a vogal [u] e a oclusiva [k], sons de maior definição no espectograma e no formato de onda.

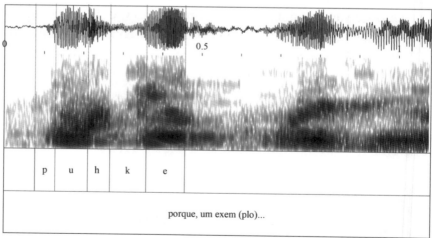

Figura 3 – Realização da coda (r) na produção do item *porque* dentro do enunciado *porque, um exem(plo)...*

Para as realizações sem coda do item *porque*, duas produções nos chamaram a atenção. Na primeira, ilustrada na Figura 4, é possível observar não só a ausência da coda (r), mas também da vogal [u], visto que são realizados dois sons oclusivos em sequência, [p] e [k]. Nessas realizações, identificam-se as duas etapas de articulação dos sons oclusivos, obstrução, marcada pela área mais clara no espectograma, e plosão, observável na área um pouco mais escura que a segue.

Figura 4 – Ausência da coda (r) na produção do item
porque dentro do enunciado *só porque eu queria, eu ia embora, né.*

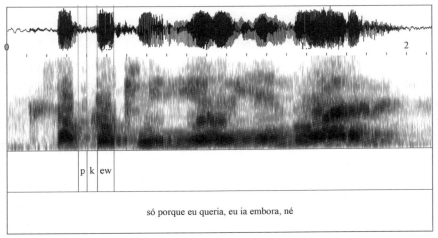

A segunda realização que nos interessou do item *porque* com ausência da coda (r), na verdade, diz respeito à produção apenas da sílaba tônica ['ke], com a ausência integral da pretônica, como ilustra a Figura 5.

Figura 5 – Ausência da coda (r) na produção do item
porque dentro do enunciado *que tipo assim, eu sempre tive.*

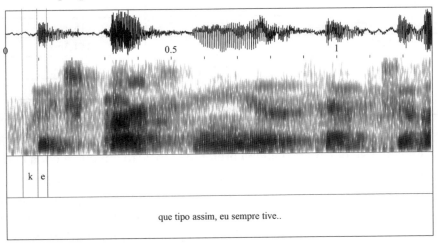

A observação tanto do espectograma quanto do formato de onda no programa Praat foi de grande valia para nossa análise, posto que foi possível observar a realização acústica da coda (r), bem como averiguar as estratégias utilizadas nos contextos de sua ausência.

Análise acústica: duração

Em relação ao parâmetro duração, nosso objetivo foi o de constatar a ausência de coda, através da redução da duração da sílaba pretônica (posição em que se realiza ou não a coda (r)), além de averiguar se, nas realizações com ausência de coda, haveria um aumento de duração compensatório na sílaba tônica de cada item, *parceiro* e *porque*. O aferimento das medidas de duração no programa Praat permitiu que fossem estabelecidas as médias de duração da sílaba pretônica, nos contextos classificados (ou analisados) como de presença ou ausência de coda (r), e da sílaba tônica, nos mesmos contextos. A tabela abaixo sistematiza esses valores, referentes ao item *parceiro*.

Tabela 1 – Valores de duração das sílabas pretônica e tônica
de cada produção do item *parceiro*, distribuídos pelos contextos de presença
e ausência de coda (r). Em negrito, os valores médios

Realização / Sílaba	Pretônica	Tônica
Presença de coda (r)	120ms	91ms
	138ms	208ms
	176ms	155ms
MÉDIA	**144,7ms**	**151,3ms**
Ausência de coda (r)	103ms	232ms
	118ms	361ms
	123ms	86ms
MÉDIA	**114,7ms**	**226,3ms**

Observa-se que, para a sílaba pretônica, posição em que a coda pode ser realizada ou não, a duração média é superior no contexto de presença de coda (r), com valor médio de 144,7ms, em comparação com a média de duração para a sílaba pretônica em contexto de ausência de coda (r), 114,7ms (queda de 21% do valor médio de duração quando em presença de coda), sendo mais um indicador da ausência da coda (r). Já para a sílaba tônica, a duração média é inferior no contexto de presença de coda (r), 151,3ms, em comparação com o contexto de ausência de coda (r), 226,3ms (aumento de 49,5% do valor médio de duração quando em presença de coda). Assim, as medidas acústicas parecem apontar para um alongamento compensatório na sílaba tônica, em contexto de ausência de coda (r) na sílaba pretônica, na análise do item *parceiro*.

Para o item *porque*, cujas medidas acústicas de duração são sistematizadas na tabela seguinte, percebe-se também uma redução no valor médio de duração da sílaba pretônica em contexto de ausência de coda (r), 172,1ms, em comparação com o contexto de presença de coda, 62,8ms (redução de aproximadamente 63% do valor médio quando em presença de coda). É importante ressaltar que, para o cálculo das médias de duração, foi descartado o dado em que a sílaba pretônica não foi produzida ("*que*"). Assim, foi selecionado outro estímulo com ausência de coda (r) para aferir as medidas de duração das sílabas pretônica e tônica. Em relação a esta última, observa-se que não houve alongamento compensatório, como havia ocorrido no item anterior *parceiro*, mas redução da duração. O valor médio de duração da sílaba tônica ['ke] passou de 178,8ms, em contexto de presença de coda (r), para 98ms, em contexto de ausência de coda (r), sofrendo uma redução de aproximadamente 45%.

Tabela 2 – Valores de duração das sílabas pretônica e tônica de cada produção do item *porque*, distribuídos pelos contextos de presença e ausência de coda (r). Em negrito, os valores médios

Item \ Sílaba	Pretônica	Tônica
Presença de coda (r)	212,6ms	245,9ms
	113,6ms	100,4ms
	190ms	190ms
MÉDIA	**172,1ms**	**178,8ms**
Ausência de coda (r)	44ms	135,3ms
	50ms	117,6ms
	94,4ms	41,1ms
MÉDIA	**62,8ms**	**98ms**

São necessárias análises de cunho quantitativo para averiguar a redução brusca de duração média da sílaba tônica em contexto de ausência de coda no item *porque*, em comparação com o aumento significativo observado no item *parceiro*. Aventamos aqui a hipótese de este último apresentar maior tendência de alongamento por se encontrar em contexto de assimilação, ao contrário do item *porque*.

Através dessa análise acústica preliminar, foi possível averiguar a ausência da coda (r) pela redução do valor médio da sílaba pretônica nos dois itens, bem como observar um alongamento compensatório da sílaba tônica em contexto de ausência de coda (r), para o item *parceiro*, e a sua compressão, para o item *porque*.

O alongamento compensatório observado no estudo de Guimarães (2004), para a ausência da coda em itens como *plástico*, também se registra na ausência da coda (r). No entanto, a comparação entre os tempos de duração da sílaba tônica de *parceiro* e *porque* indica que o alongamento compensatório pode não ser uniforme em todos os itens em que se identifica a ausência da consoante em final de sílaba. Assim, o alongamento compensatório poderia não estar diretamente associado à ausência da coda, pelo menos não em todos os itens em que se registra a variação. Nesse caso, é possível que a atuação de outros efeitos, como a influência da função sintática do item na frase em sua produção suprassegmental, esteja competindo com a variação sociolinguística que envolve, além da realização ou ausência da coda, diferenças fonéticas gradientes entre as variantes do mesmo item, referentes, pelo menos, à duração de segmentos e sílabas adjacentes à coda. Como se pode observar, o item *parceiro*, nos contextos sintáticos analisados, está na função de vocativo. Já o item *porque* é introdutor de oração subordinada ou marcador discursivo. De acordo com Seyfarth (2014), há evidências de que a redução de itens lexicais tem relação com o grau de previsibilidade em determinado contexto. Assim o grau de informatividade da palavra tem efeito na sua duração acústica, de maneira que palavras que são usualmente não previsíveis tendem a ter uma duração maior do que aquelas que são usualmente previsíveis.

A análise do espectograma e da forma de onda dos dados mostrou que não há vestígio da consoante (r) nos dados classificados de oitiva como ausência de coda. Também verificou-se que as fricativas posteriores produzidas em final de sílaba não diferem quanto às características formânticas. No entanto, é necessário ampliar a análise acústica de mais dados desse *corpus* para se verificar, de forma mais ampla, se há outros aspectos gradientes relativos à variante com a consoante (r).

CONSIDERAÇÕES FINAIS

A análise acústica de dados de variação da coda (r) em interior de palavra, com dados de falante da variedade do Rio de Janeiro, aqui apresentada, se articula com a abordagem dos Modelos de Exemplares para a variação linguística, que confere *status* representacional para as variantes. De acordo com essa abordagem, a representação da forma sonora das palavras no léxico contém o conjunto de ocorrências que fazem parte da experiência de produzir e perceber os itens lexicais em diferentes contextos sociais, interacionais e discursivos. Uma vez que os dados de produção levantados no estudo de Melo (2017) indicam que a realização da consoante é majoritariamente produzida em relação à ausência da coda, tanto na taxa geral quanto para a maioria dos itens lexicais que ocorreram nas três amostras das quais os dados foram levantados, a hipótese é que a representação central ou dominante para os itens seja a variante com a coda, ao passo que a variante sem a coda é uma representação periférica. Por outro lado, na amostra da qual faz parte o falante cujos dados foram selecionados para a análise acústica com o Praat, o item *porque* foi produzido majoritariamente sem a coda. É possível, portanto, que os falantes dessa amostra apresentem uma organização diferente dos exemplares para o item *porque*, sendo a variante sem a coda a representação dominante.

A abordagem da variação na perspectiva dos Modelos de Exemplares tem ainda aspectos importantes a serem abordados e é importante que outros estudos avancem o entendimento do conhecimento linguístico do falante, especificamente relacionado à variação linguística, considerando outros aspectos, como a percepção das variantes, como forma de subsidiar as análises com dados de produção.

NOTAS

[1] A notação que faz referência à variável em questão como (r) é normalmente usada, na Sociolinguística Variacionista, para indicar a variável linguística e seu conjunto de variantes (Labov, 1972, 1994). Nessa notação, faz-se menção a uma das variantes de forma simbólica sem que isto implique uma interpretação relacionada à centralidade de alguma das variantes ou mesmo relacionada a uma hipótese de representação subjacente abstrata somente.

[2] A técnica de ultrassom é uma ferramenta analítica importante para capturar a dinâmica de gestos articulatórios na produção de palavras que contêm sons que têm a língua como articulador ativo.

Bibliografia

Albano, E. C. O *gesto e suas bordas:* esboço de Fonologia Acústico-Articulatória do português brasileiro. Campinas: Mercado de Letras, 2001.

_____. Uma introdução à dinâmica em fonologia, com foco nos trabalhos desta coletânia. *Revista da Abralin*, v. 2, 2012, pp. 1-30.

_____. Fonologia de Laboratório. In: Hora, D.; Matzenauer, C. (orgs.). *Fonologia, Fonologias*: uma introdução. São Paulo: Contexto, 2017, pp.169-181.

Ambridge, B.; Kidd, E.; Rowland, C. F.; Theakston, A. L. The Ubiquity of Frequency Effects in First Language Acquisition. *Journal of Child Language*, v. 42, n. 2, 2015, pp. 239-73.

Andrade, C. R. F. de; Befi-Lopes, D. M.; Fernandes, F. D. M.; Wertzner, H. D. M. *abfw – Teste de linguagem infantil nas áreas de fonologia, vocabulário, fluência e pragmática.* Carapicuíba: Pró-Fono, 2004.

Baayen, H.; Milin, P; Ramscar, M. Frequency in Lexical Processing. *Aphasiology,* v. 30, 2016, pp. 1174-220.

Barbosa, L. P.. *O alçamento da vogal média anterior pretônica no português brasileiro*: uma abordagem no Modelo de Redes. Belo Horizonte, 2013. Tese (Doutorado em Estudos Linguísticos) – Faculdade de Letras, Universidade Federal de Minas Gerais.

Barbosa, M. F. M. *Processamento e representação de palavras complexas por derivação:* um estudo sobre a sufixação do português brasileiro. Rio de Janeiro, 2017. Tese (Doutorado em Linguística) – Faculdade de Letras, Universidade Federal do Rio de Janeiro.

Barbosa, P. A.; Madureira, S. *Manual de fonética acústica experimental.* São Paulo: Cortez, 2015.

Barlow, M.; Kemmer, S. (orgs.). *Usage-based Models of Language.* Cambridge: Cambridge University Press, 2000.

Bates, E.; Goodman, J. C. On The Emergence of Grammar from the Lexicon. In: MacWhinney, B (org.). *The Emergence of Language.* Mahwah, NJ: Lawrence Erlbaum, 1999, pp. 29-79.

Beckman, M. E.; Munson, B.; Edwards, J. Vocabulary Growth and the Developmental Expansions of Types of Phonological Knowledge. In: Cole, J.; Hualde, J. (orgs.). *Laboratory Phonology* 9. New York: Mouton de Gruyter, 2007, pp. 241-64.

Befi-Lopes, D. M. Distúrbios do desenvolvimento da linguagem oral. In: Andrade, C. R. F.; Marcondes, E. *Fonoaudiologia em Pediatria.* São Paulo: Sarvier, 2003, pp. 79-88.

_____. Avaliação, diagnóstico e aspectos terapêuticos nos distúrbios específicos de linguagem.. In: Ferreira, L. P.; Befi-Lopes, D.M.; Limongi, S.C.O. (orgs.). *Tratado de Fonoaudiologia.* São Paulo: Roca, 2004, pp. 987-1000.

_____. *Distúrbio Específico de Linguagem*: princípios de avaliação e diagnóstico. Curso de extensão universitária, ufrj, 2009.

Befi-Lopes, D. M.; Cáceres, A. M.; Esteves, L. Perfil linguístico de crianças com alteração específica de linguagem. *Revista da Sociedade Brasileira de Fonoaudiologia,* v. 17, n. 3, 2012, pp. 274-8.

Befi-Lopes, D. M.; Pereira, A. C. S.; Bento, A. C. P. Representação fonológica em crianças com Distúrbio Específico de Linguagem (del). *Pró-fono Revista de Atualização Científica,* v. 22, n.3, 2010, p. 305-10.

BISHOP, D. V. M. What Causes Specific Language Impairment in Children? *Current Directions in Psychological Science*, v. 15, n. 5, 2006, pp. 217-21.

BISHOP, D.V.M.; SNOWLING, M. J. Developmental Dyslexia and Specific Language Impairment: Same or Different? *Psychological Bulletin*, v. 130, n. 6, 2004, pp. 858-86.

BOD, R.; HAY, J.; JANNEDY, S. Introduction. In: BOD, R.; HAY, J.; JANNEDY, S. (orgs.). *Probabilistic Linguistics*. Cambridge/Massachussets: MIT Press, 2003, pp.1-10.

BOERSMA, P.; WEENINK, D. *Praat*: Doing Phonetics by Computer [Computer program]. (Version 6.0.43), 2018. Disponível em <http://www.praat.org/ >. Acesso em 27 nov. 2018.

BOGOSSIAN, M.; SANTOS, M. *Teste Illinois de habilidades psicolinguísticas, adaptação brasileira.* Rio de Janeiro: EMPSI, 2006.

BOWEY, J. A.; McGUIGAN, M.; RUSCHENA, A. On the Association between Serial Naming Speed for Letters and Digits and Word-reading Skill: Towards a Developmental Account. *Journal of Research in Reading*, v. 28, n. 4, 2005, pp. 400-22.

BOYSSON-BARDIES, B.; VIHMAN, M. M. Adaptation to Language: Evidence from Babbling and First Words in Four Languages. *Language*, v. 67, n. 2, 1991, pp.297-319.

BREE, E.; RISPENS, J.; GERRITS, E. Non-word Repetition in Dutch Children with a Risk of Dyslexia and SLI. *Clinical Linguistics & Phonetics*, v. 21, 2007, pp. 935-44.

BRESCANCINI, C.; GOMES, C. A. Fonética x Fonologia? *Letras de Hoje*, v. 49, n.1, 2014, pp. 5-10.

BROWN, E.L.; RAYMOND, W. D. How Discourse Context Shapes the Lexicon: Explaining the Distribution of Spanish f- / h- words. *Diachronica*, v. 29, 2012, pp. 139-161.

BROWNMAN, C. P.; GOLDSTEIN, L. Towards an Articulatory Phonology. *Phonology Yearbook* v. 3, 1986, pp. 219-52.

BRUCKI, S.; NITRINI, R.; CARAMELLI, P.; BERTOLUCCI, P.; OKAMOTO, I. Sugestões para o uso do mini-exame do estado mental no Brasil. *Arquivos de Neuropsiquiatria*, v. 61, n. 3B, setembro 2003, pp. 777-781.

BUCKINGHAM, H. W. On Correlating Aphasic Errors with Slips-of-the-tongue. *Applied Psycholinguistics*, v. 1, 1980, pp. 199-220.

BÜRKI, A.; ERNESTUS, M.; FRAUENFELDER, U. H. Is there only one "fenêtre" in the production lexicon? On-line Evidence on the Nature of Phonological Representations of Pronunciation Variants for French schwa Words. *Journal of Memory and Language*, v. 62, n. 4, 2010, pp. 421-37.

BYBEE, J. *Morphology*: A Study of the Relation Between Meaning and Form. Philadelphia: John Benjamins, 1985.

_____. Morphology as Lexical Organization. In: HAMMOND, M.; NOONAN, M. (orgs.). *Theoretical Morphology*. Approaches in Modern Linguistics. San Diego: Academic Press, 1988, pp. 119-41.

_____. Productivity, Regularity and Fusion: How Language Use Affects the Lexicon. In: SINGH, R.; DESROCHERS, R. (orgs.). *Trubetzkoy's orphan:* proceedings of the Montréal Roundtable "Morphonology: contemporary responses". Amsterdam/Philadelphia: John Benjamins Publishing Company, 1994, pp. 249-94.

_____. Regular Morphology and the Lexicon. *Language and Cognitive Processes*, v. 10, 1995, pp. 425-55.

_____. The Emergent Lexicon. *CLS 34:* The Panels. Chicago Linguistics Society, 1998, pp. 421-35.

_____. Usage-based Phonology. In: DARNELL, M. et al. (orgs.). *Funcionalism and Formalism in Linguistics*. I: general papers; II: case studies. Amsterdam: Benjamins, 1999, pp. 211-42.

_____. The Phonology of the Lexicon: Evidence from Lexical Diffusion. In: BARLOW, M.; KEMMER, S. (orgs.). *Usage- Based Models of Language*, Stanford: CSLI, 2000, pp. 65-85.

_____. *Phonology and Language Use*. Cambridge: Cambridge University Press, 2001.

_____. Word Frequency and Context of Use in the Lexical Diffusion of Phonetically Conditioned Sound Change. *Language Variation and Change,* v. 14, 2002, pp. 261-90.

_____. From Usage to Grammar: The Mind's Response to Repetition. *Language*, v. 82, n. 4, 2006, pp. 711-33.

_____. *Frequency of Use and the Organization of Language*. New York: Oxford University Press, 2007.

_____. Usage-based Grammar and Second Language Acquisition. In: ROBINSON, P; ELLIS, N. (orgs.), *Handbook of Cognitive Linguistics and Second Language Acquisition*. New York: Routledge, 2008, pp. 216-36.

_____. *Language, Use and Cognition*. Cambridge: Cambridge University Press, 2010.

_____. Patterns of Lexical Diffusion and Articulatory Motivation for Sound Change. In: SOLÉ, M-J.; RECASENS, D. (orgs.). *The Initiation of Sound Change*: Perception, Production and Social Factors. Amsterdam and Philadelphia: John Benjamins Publishing Co, 2012, pp. 211-34.

Bibliografia

_____. Usage-based Theory and Exemplar Representation. In: HOFFMAN, T; TROUSDALE, G. (orgs.). *The Oxford Handbook of Construction Grammar*. Oxford: Oxford University Press, 2013, pp. 49-69.

_____. *Language Change*. Cambridge: Cambridge University Press, 2015.

_____; CACOULLOS, R. T. Phonological and Grammatical Variation in Exemplar Models. *Studies in Hispanic and Lusophone Linguistics*, v. 1, n. 2, 2008, pp. 399-413.

_____; PARDO, E. Morphological and Lexical Conditioning of Rules: Experimental Evidence from Spanish. *Linguistics*, v. 19, 1981, pp. 937-68.

CALDAS, V. G.; CALLOU, D. M. I. O apagamento do rótico em posição de coda silábica: indicadores linguísticos e sociais. XXV Jornada Nacional do Gelne, 2014, Natal. *Anais da XXV Jornada Nacional do Gelne*. Natal: edufrn, 2014.

CALLOU, D. M. I. *Variação e distribuição da vibrante na fala urbana culta do Rio de Janeiro*. Rio de Janeiro, 1980. Tese (Doutorado em Letras Vernáculas) – Faculdade de Letras, Universidade Federal do Rio de Janeiro.

_____. Revisitando o –R. In: RONCARATI, C.; VOTRE, S. (orgs.). *Anthony Julius Naro e a Linguística no Brasil*. Rio de Janeiro: 7 Letras, 2008, pp. 135-46.

CAMPOS, C. S. de O. *Abertura vocálica em verbos irregulares da primeira conjugação do português*: um caso de reestruturação fonotática por generalização fonológica. Belo Horizonte, 2005. Dissertação (Mestrado em Estudos Linguísticos) – Faculdade de Letras, Universidade Federal de Minas Gerais.

CAMPOY, G. The Effect of Word Length in Short-term Memory: Is Rehearsal Necessary? *The Quarterly Journal of Experimental Psychology*, v. 61, n. 5, 2008, pp. 724-34.

CAPOVILLA, A.G.S.; CAPOVILLA, F.C. Desenvolvimento linguístico na criança brasileira dos dois aos seis anos: tradução e estandartização do Peabody Picture Vocabulary Test de Dunn & Dunn e Language Development Survey de Rescorla. *Ciência Cognitiva: Teoria, Pesquisa e Aplicação*, v. 1, 1997, pp. 353-80.

CASELLI, M. C.; BATES, E.; CASADIO, P.; FENSON, J.; FENSON, L.; SANDERL, L.; WEIR, J. A Cross-linguistic Study of Early Lexical Development. *Cognitive Development,* v. 10, 1995, pp. 159-99.

CHOMSKY, N. *Knowledge of Language*: Its Nature, Origin and Use. New York: Praeger, 1986.

_____; HALLE, M. *The Sound Pattern of English*. New York: Harper Row, 1968.

CIFUENTES-HONRUBIA, J. L. *Gramática cognitiva*: fundamentos críticos. Eudema: Madrid, 1996.

CLOPPER, C. G.; PISONI, D. B. Some Acoustic Cues for the Perceptual Categorization of American English Regional Dialects. *Journal of Phonetics* v. 32, 2004, pp. 111-40.

_____; TAMATI, T. N.; PIERREHUMBERT, J. B. Variation in the Strength of Lexical Encoding Across Dialects. *Journal of Phonetics* v. 58, 2016, pp.87-103.

COETZEE, A. W.; PATER, J. The Place of Variation in Phonological Theory. In: GOLDSMITH, J.; RIGGLE, J.; YU, A. (orgs.). *Handbook of Phonological Theory*. 2. ed. Cambridge: Blackwell, 2011, pp.401-34.

_____; KAWAHARA, S. Frequency biases in phonological variation. *Natural Language and Linguistic Theory*, v. 40, n.1, 2013, pp. 47-89.

COLEMAN, J; PIERREHUMBERT, J. Stochastic Phonological Grammars and Acceptability, 3rd *Meeting of the ACL Special Interest Group in Computacional Phonology: Proceedings of the Workshop*, Somerset, NJ: Association for Computational Linguistics, 1997, pp. 49-56.

CONNINE, C. M.; RANBOM, L. J.; PATTERSON, D. J. Processing Variant Forms in Spoken Word Recognition: The Role of Variant Frequency. *Perception & Psychophysics*, v. 70, n. 3, 2008, pp. 403-11.

CRISTÓFARO SILVA, T. Organização Fonológica de Marcas de Plural no Português Brasileiro: Uma Abordagem Multirrepresentacional. *Revista da Abralin*, v. 11, 2012, pp. 273-305.

_____. Frequency Effects within a Complex Adaptive System Approach to Phonology. *Revista Virtual de Estudos da Linguagem – ReVEL*, v. 15, n.14, 2017, pp. 152-167.

_____; ALMEIDA, L. S.; FRAGA, T. ASPA: a formulação de um banco de dados de referência da estrutura sonora do português contemporâneo.. In: XXV Congresso da Sociedade Brasileira de Computação, 2005, São Leopoldo. *Anais do XXV Congresso da Sociedade Brasileira de Computação* (CD-Room). São Leopoldo: Sociedade Brasileira de Computação, v. 1, 2005, pp. 2268-77.

_____; CANTONI, M.; OLIVEIRA, N.; MIRANDA, I. Segmental Loss and Phonological Representation. In: LINDSEY, G.; NEVINS, A. (orgs.). *Sonic Signatures. Studies dedicated to John Harris*. Amsterdam: John Benjamins, 2017, pp. 215-30.

_____; GOMES, C. A. Representações Múltiplas e Organização do componente linguístico. *Fórum Linguístico*, v. 4, n. 1, 2007, pp. 147-77.

_____; _____. Teoria de Exemplares. In: HORA, D.; MATZENAUER, C. (org.) *Fonologia, Fonologias:* uma introdução. São Paulo: Contexto, 2017, pp. 157-68.

_____; OLIVEIRA-GUIMARÃES, D. M. L. A aquisição da linguagem falada e escrita: o papel da consciência linguística. *Letras de Hoje* (Impresso), v. 48, 2013, pp. 316-23.

CROFT, W. *Exemplar Semantics.* 2007. Draft, September 2007, Disponível em <http://www.unm. edu/~wcroft/Papers/CSDL8-paper.pdf>. Acesso em 22 abr. 2016.

CUETOS, F. *ANOMIA – La dificultad para recorder las palavras.* Madrid: Tea Ediciones, 2003.

_____; NOSTI, M. G.; JIMÉNESZ, L. M.; MANTIÑÁN, N.; OLMEDO, A.; CHOCANO, D. Síndromes o síntomas en la evaluación de los Afásicos. *Psicothema,* v. 22, n. 4, 2010, pp. 715-19.

DECASPER, A. J.; FIFER, W. P. Of Human Bonding: Newborns Prefer their Mothers' Voices. *Science,* New Series, v. 208, n. 4448, June 6, 1980, pp. 1174-76.

DEHAENE-LAMBERTZ, G.; DEHAENE, S.; HERTZ-PANNIER,L. Functional Neuroimaging of Speech Perception in Infants. *Science,* v. 298, 2002, pp. 2013-15.

_____; GLIGA, T. Common Neural Basis for Phoneme Processing in Infants and Adults. *Journal of Cognitive Neuroscience,* v. 16, n.8, 2004, pp. 1375-87.

DELL, G. S.; SCHWARTZ, M. F.; MARTIN, N.; SARAN, E. M.; GAGNON, D. A. Lexical Access in Aphasic and Nonaphasic Speakers. *Psychological Review,* v. 104, 1997, pp. 801-38.

DEPAOLIS, R. A.; VIHMAN, M. M.; KEREN-PORTNOY, T. Do production patterns influence the processing of speech in prelinguistic infants? *Infant Behavior and Development,* v. 34, 2011, pp. 590-601.

_____; _____; Nakai, S. The Influence of Babbling Patterns on the Processing of Speech. *Infant Behavior and Development,* v. 36, 2013, pp. 642-49.

DOCHERTY, G. J.; FOULKES, P. An Evaluation of Usage-based Approaches to the Modelling of Sociophonetic Variability. *Lingua,* v. 142, 2014, pp. 42-56.

DODD, B.; MCINTOSH, B. Two-year Old Phonology: Impact of Input Motor and Cognitive Abilities on Development. *Journal of Child Language* – The influence of Babbling Patterns on the Processing of Speech, v. 37, n. 5, 2010, pp. 1.027-46.

DUNN, L. M.; DUNN, L. M. *Peabody Picture Vocabulary Test – 3th edition (PPVT-III).* Minnesota: American Guidance Service, 1997.

EDWARDS, J.; BECKMAN, M.E.; MUNSON, B. The Interaction between Vocabulary Size and Phonotactic Probability Effects on Children's Production Accuracy and Fluency in Nonword Repetition. *Journal of Speech, Language, and Hearing Research,* v. 47, 2004, pp. 421-36.

EIMAS, P. D.; SIQUELAND, E. R.; JUSCZYK, P.; VIGORITO, J. Speech Perception in Infants. *Science,* v. 171, 1971, pp. 303-6.

ELLIS, A. *Leitura, escrita e dislexia:* uma análise cognitiva. 2. ed. Porto Alegre: Artes Médicas, 1995.

_____; LARSEN-FREEMAN, D. Language Emergence: Implications for Applied Linguistics – Introduction to the Special Issue. *Applied Linguistics,* v. 27, n. 4, 2006, pp. 558-89.

ERNESTUS, M. Acoustic Reduction and the Roles of Abstractions and Exemplars in Speech Processing. *Lingua,* v. 142, 2014, pp. 27-41.

_____. The Role of the Lexicon in Phonological Variation: An Interview with Mirjam Ernestus. *Revista Virtual de Estudos da Linguagem – ReVEL,* v. 15, n. 14, 2017, pp.190-195.

ESTEVES, C. O. *Representação e acesso ao conhecimento fonológico em crianças com dislexia do desenvolvimento.* Rio de Janeiro, 2009. Dissertação (Mestrado em Linguística) – Programa de Pós-Graduação em Linguística da Faculdade de Letras – Universidade Federal do Rio de Janeiro.

_____. *Conhecimento Fonológico de Crianças com Dislexia, Desvio Fonológico e Distúrbio Específico de Linguagem:* Uma Análise Multirrepresentacional da Linguagem. Rio de Janeiro, 2013. Tese (Doutorado em Linguística) – Universidade Federal do Rio de Janeiro.

_____; GOMES, C. A. Acesso lexical e processamento fonológico na dislexia do desenvolvimento. *Revista de Estudos da Linguagem,* v. 17, 2009, pp. 121-41.

_____. MAIA, M. A. R. *Processamento da Leitura em Crianças com Dislexia Fonológica.* XXVIII Jornada Giulio Massarani de Iniciação Científica, Artística e Cultural, Rio de Janeiro, 2006.

EVANS, V.; GREEN, M. E. *Cognitive Linguistics:* An Introduction. Edinburgh: Edinburgh University Press, 2006.

FAUST, M.; DIMITROVSKY, L; SHACHT, T. Naming Difficulties in Children with Dyslexia: Application of the Tip-of-the-Tongue Paradigm. *Journal of Learning Disabilities,* v. 36, n. 3, 2003, pp. 203-15.

Bibliografia

FERGUSON, C. A.; FARWELL, C. B. Words and Sounds in Early Language Acquisition. *Language*, v. 51, 1975, pp. 419 -39.

FIKKERT, P. Acquiring Phonology. In: LACY, P (org.). *Handbook of Phonological Theory*. Cambridge, Massachussets: Cambridge University Press, 2007.

FILE-MURIEL, R. Lexical Frequency as a Scalar Variable in Explaining Variation. *The Canadian Journal of Linguistics / La Revue Canadienne de Linguistique*, v. 55, 2010, pp. 1-25.

FLEGE, J. E.; HILLENBRAND, J. Diferential Use of Temporal Cues to the /s/- /z/ contrast by native and non-native Speakers of English. *Journal of the Acoustical Society of America*, v. 79, n.2, 1986, pp. 508-17.

FORSTER, K. I.; FORSTER, J. C. DMDX: A Windows Display Program with Millisecond Accuracy. *Behavior Research Methods, Instruments, & Computers*. v. 35, n. 1, 2003, pp. 116-24.

FOULKES, P.; DOCHERTY, G. J. The Social Life of Phonetics and Phonology. *Journal of Phonetics*, v. 34, 2006, pp. 409-38.

FOWLERT, A. E.; SWAINSON, B. Relationships of Naming Skills to Reading, Memory, and Receptive Vocabulary: Evidence for imprecise Phonological Representations of Words by Poor Readers. *Annals of Dyslexia*, v. 54, n. 2, 2004, pp. 247-80.

FREIRE, R.M. *A linguagem como processo terapêutico*: socioconstrutivismo; interações ineficazes. 2. ed. São Paulo: Plexus, 2002.

FRIDLAND, E; Moore, R. Imitation Reconsidered. *Philosophical Psychology*, v. 28, n. 6, 2015, pp. 856-80.

FRISCH, S. A.; LARGE, N. R.; PISONI, D. B. Perception of Wordlikeness: Effects of Segment Probability and Length on the Processing of Nonwords. *Journal of Memory and Language*, v. 42, 2000, p. 481-96.

GATHERCOLE, S. E. Is Nonword Repetition a Test of Phonological Memory or Longterm Knowledge? It All Depends on the Nonwords. *Memory & Cognition*, v. 23, 1995, pp. 83-94.

_____; WILLIS, C. S.; BADDELEY, A. The influences of Number of Syllables and Word-likeness on Children's Repetition of Nonwords. *Applied Psycholinguistics,* v. 12, 1991, pp. 349-67.

GERKEN, L. A.; ASLIN, R. N. Thirty Years of Research on Infant Speech Perception: The Legacy of Peter W. Jusczyk. *Language Learning and Development*, v. 1, n.1, 2015, pp. 5-21.

GNEVSHEVA, K. Variation in Foreign Accent Identification. *Journal Of Multilingual And Multicultural Development*. v. 39, n.8, 2018, pp. 688-702.

GOLDINGER, S. D. Words and Voices: Episodic Traces in Spoken Word Identification and Recognition Memory. *Journal of Experimental Psychology: Learning, Memory and Cognition*, v. 22, n. 5, 1996, pp. 1166-83.

GOMES, C. A.; CRISTÓFARO SILVA, T. Variação linguística: questão antiga e novas perspectivas. *Linguagem*, ILAPEC/Macapá, v. 1, n.2, 2004, pp. 31-41.

_____; MENDES, S. C.; BRANCO, M. S.; ESTEVES, C.O.; GOMES, G. C. Efeito de *Wordlikeness* no processamento de não-palavras por falantes do português brasileiro. Revista de *Estudos da Linguagem*, v.23, n.1, 2015, pp. 195-210.

_____; GONÇALVES, C. Flexão nominal na gramática da criança e na gramática do adulto. *Veredas* (UFJF. online), v. 14, 2010, pp. 122-34.

GUIMARÃES, D. M. O. Sequências de (sibilante + africada alveopalatal) no português falado em Belo Horizonte. Belo Horizonte, 2004. Dissertação (Mestrado em Estudos Linguísticos) – Faculdade de Letras da Universidade Federal de Minas Gerais.

HAGE, S. R. V. Distúrbio específico do desenvolvimento da linguagem: subtipos e correlações neuroanatômicas. *Pró Fono Revista de Atualização Científica*, v. 13, n. 2, 2001, pp. 233-41.

_____; GUERREIRO, M. M. *Distúrbio específico de linguagem*: aspectos linguísticos e neurobiológicos. In: FERREIRA, L. P.; BEFI-LOPES, D. M.; LIMONGI, S. C. O. (orgs.). *Tratado de Fonoaudiologia*. São Paulo: Roca, 2004, pp. 977-86.

HALLÉ, P.; BOYSSON-BARDIES, B. The Format of Representation of Recognized Words in Infants' Early Receptive Lexicon. *Infant Behavior and Development*, v. 19, 1996, pp. 463-81.

HARDCASTLE, W.; BARRY, W. Articulatory and perceptual factors in /l/ vocalisations in English. *Journal of the International Phonetic Association*, v. 15, 1989, pp. 3-17.

HARRINGTON, J. An Acoustic Analysis of 'happy-tensing' in the Queen's Christmas Broadcasts. *Journal of the International Phonetic Association*, v. 34, 2006, pp. 439-57.

HAUSER, M. D; CHOMSKY, N.; FITCH, T. The Faculty of Language: What is it, Who has it, How did it Evolved? *Science,* v. 298, n. 5598, 2002, pp. 1569-79.

HAY, J. *Causes and Consequences of Word Structure*. New York: Routledge, 2003.

_____; Baayen, R. H. Shifting Paradigms: Gradient Structure in Morphology. *Trends in Cognitive Sciences*, v.9, 2005, pp. 342-8.

_____; Drager, K., Warren, P. Short-term Exposure to One Dialect Affects Processing of Another. *Language and Speech*, v. 53, n. 4, 2010, pp. 447-71.

_____; Foulkes, P. The Evolution of Medial /t/ over Real and Remembered Time. *Language,* v. 92, 2016, pp. 298-330.

_____; Warren, P.; Drager, K. Factors Influencing Speech Perception in the Context of a Merger-in-progress. *Journal of Phonetics*, v. 34, n. 4, 2006, pp. 458-84.

Hintzman, D. L. Schema Abstraction in a Multiple-trace Memory Model. *Psychological Review*, v. 93, 1986, pp. 411-28.

Hopper, P. Emergent Grammar. *Berkeley Linguistic Society*, v. 13, 1987, pp. 139-57.

Huback, A. P. *Efeitos de Frequência nas Representações Mentais*. Belo Horizonte, 2007. Tese (Doutorado em Estudos Linguísticos) – Faculdade de Letras, Universidade Federal de Minas Gerais.

_____. Irregular Plurals in Brazilian Portuguese: An Exemplar Model Approach. *Language Variation and Change,* v. 23, 2011, pp. 1-12.

Ingram, D. *Phonological Disability in Children*. London: Edward Arnold, 1976.

_____. The Measurement of Whole-word Productions. *Journal of Child Language*, v. 29, 2002, pp. 713-33.

Jakobson, R. *Fonema e Fonologia*. Tradução de Joaquin Mattoso Câmara Junior. Rio de Janeiro: Acadêmica, 1967.

Jeffries, E. G. H. *Children's Developing Awareness of Regional Accents*: A Socioperceptual Investigation of Pre-school and Primary School Children in York. York, uk, 2016. Dissertation (PhD in Linguistics) – University of York.

Johnson, K. Speech Perception Without Speaker Normalization: An Exemplar Model. In: Johnson. K; Mullennix, J. W. (orgs.). *Talker Variability in Speech Processing*. San Diego: Academic Press, 1997, pp. 145-66.

_____. Speaker Normalization in Speech Perception. In: Pisoni, D.B.; Remez, R. (orgs.) *The Handbook of Speech Perception*. Oxford: Blackwell Publishers. 2005, pp. 363-89.

_____. Resonance in an Exemplar-based Lexicon: The Emergence of Social Identity and Phonology. *Journal of Phonetics*, v.34, 2006, pp. 485-99.

_____. Decisions and Mechanisms in Exemplar-based Phonology. In: Solé, M.-J., Beddor, P.; Ohala, M (orgs.). *Experimental Approaches to Phonology*. In Honor of John Ohala. Oxford University Press, 2007, pp. 25-40.

Jusczyk, P. *The Discovery of Spoken Language*. Cambridge, ma: mit Press, 1997.

_____; Aslin, R. N. Infants' Detection of the Sound Patterns of Word In Fluent Speech. *Cognitive Psychology*, v. 29, 1995, pp. 1-23.

_____; Cutler, A.; Redanz, N. J. Infant's Preference for the Predominant Stress Patterns of English Words. *Child development*, v. 64, 1993, pp. 675-87.

_____; Luce, P. A; Charles-Luce, J. Infants' Sensitivity to Phonotactic Patterns in the Native Language. *Journal of Memory and Language*, v. 33, 1994, pp. 630-45.

Kohn, S. E.; Smith, K. L. Between-word Speech Errors in Conduction Aphasia. *Cognitive Neuropsychology*, v. 7, 1990, pp. 133-56.

_____; _____; Alexander, M. P. Differential Recovery from Impairment to the Phonological Lexicon. *Brain and Language*, v. 52, 1996, pp. 129-49.

Kristiansen, G. Towards a usage-based cognitive phonology. *International Journal of English Studies*, v. 6, n. 2, 2006, pp. 107-40.

Kuhl, P. A new view of language acquisition. *Proceedings of the National Academy of Science*, v. 97, 2000, p. 11.850-7.

_____; Williams, K. A.; Lacerda, F.; Stevens, K. N.; Lindblom, B. Linguistic Experience alters phonetic perception in infants by 6 months age. *Science*, v. 255, 1992, pp. 606-8.

Labov, W. *Sociolinguistic Patterns*. Philadelphia: University of Pennsylvania Press, 1972.

_____. *Principles of Linguistic Change*: Internal Factors. Oxford: Blackwell, 1994.

Lacerda, F. *Distributed Memory Representations Generate the Perceptual-magnet Effect*. Stockholm, Sweden: Institute of Linguistics, Stockholm University. 56 p. Não publicado. Disponível em: <http://citeseerx.ist.psu.edu/.../download?doi...pdf>. Acesso em: 25 jul. 2012.

Lahey m, Edwards J. Why do Children with Specific Language Impairment Name Pictures More Slowly than their Peers? *Journal of Speech and Hearing Research*, v. 39, 1996, pp. 1081-98.

Langacker, R. *Foundation of Cognitive Grammar*: Theoretical Prerequisites. Stanford: Stanford University Press, 1987.

_____. *Cognitive Grammar*: A Basic Introduction. New York: Oxford University Press, 2008.

Lavois, L. Some Influences on the Realization of for and Four in American English. *Journal of the International Phonetic Association*, v. 32, n. 2, 2002, pp.175-202.

Leonard, L. B.; Nippold, M. A; Kail, R.; Hale, C. A. Picture naming in language impaired children. *Journal of Speech and Hearing Research*, v. 26, 1983, pp. 609-15.

Lindblom, B.; MacNeilage, P.; Studdert-Kennedy, M. Self-organizing Processes and the Explanation of Language Universals. In: Butterworth, B.; Comrie, B.; Dahl, C. (orgs.). *Explanations for language universal*. Berlin: Walter de Gruyter, 1984, pp. 181-203.

Macken, M. A. Developmental reorganization of Phonology: A Hierarchy of Basic Units of Acquisition. *Lingua*, v. 49, 1979, pp. 11-49.

Major, R. C. Identifiyng a Foreign Accent in a Unifamiliar Language. *Studies in Second Language Acquisition*, v. 29, 2007, pp. 539-56.

Manis, F. R.; McBride-Chang, C; Seidenberg, M. S.; Keating, P.; Doi, L. M.; Munson, B.; Petersen, A. Are Speech Perception Deficits Associated with Developmental Dyslexia? *Journal of Experimental Child Psychology*, v. 66, n. 2, 1997, pp. 211-35.

_____; Seidenberg, M. S.; Doi, L. M.; McBride-Chang, C.; Petersen, A. On the Bases of Two Subtypes of Developmental [corrected] Dyslexia. *Cognition*, v. 58, n. 2, 1996, pp. 157-95.

Mansur, L. L.; Machado, T. H. Afasias: Visão Multidimensional da Atuação do Fonoaudiólogo. In: Ferreira, L. P., Befi-Lopes, D. M., Limongi, S. C. O. *Tratado de fonoaudiologia* (orgs.). São Paulo: Roca; 2004, pp. 920-32.

Marton, K. Do Nonword Repetition Errors in Children with specific Language Impairment Reflect a Weakness in an Unidentified Skill Specific to Nonword Repetition or a Deficit in Simultaneous Processing? *Applied Psycholinguistics*, v. 27, n. 4, 2006, pp. 569-73.

May, L.; Beyers-Heinlein, K.; Gervain, J.; Weker, J. F. Language and the Newborn Brain: Does Prenatal Language Experience Shape the Neonate Neural Response to Speech? *Frontiers in Psychology*, v. 2, Article 222, September, 2011, pp. 1-9.

Maye, J.; Gerken, L. Learning Phoneme Categories without Minimal pairs. In: Fish, S. A.; Keith-Lucas, T. (orgs.). *Proceedings of the 24th Annual Boston University Conference on Language Development*, 2000, pp. 522-33.

McCune, L.; Vihman, M. M. Early Phonetic and Lexical Development. *Journal of Speech, Language and Hearing Research*, v. 44, 2001, pp. 670-84.

Mehler, J. A Precursor of Language Acquisition in Young Infants. *Cognition*, v. 29, 1988, p. 143-78.

Melo, M. A. S. L. de. *Desenvolvendo novos padrões na comunidade de fala*: um estudo sobre a fricativa em coda na comunidade de fala do Rio de Janeiro. Rio de Janeiro, 2012. Dissertação (Mestrado em Linguística) – Faculdade de Letras, Universidade Federal do Rio de Janeiro.

_____. *Direcionalidade da mudança sonora*: o papel do item lexical e da avaliação *social*. Rio de Janeiro, 2017. Tese (Doutorado em Linguística) – Faculdade de Letras, Universidade Federal do Rio de Janeiro.

Mendes, S do C.. *Relação entre Habilidades do Processamento Auditivo e Conhecimento Fonológico Abstrato em Crianças com Desenvolvimento Típico*. Rio de Janeiro, 2014. Dissertação (Mestrado em Linguística) – Faculdade de Letras, Universidade Federal do Rio de Janeiro.

_____; Gomes, C. A.; Gomes, G. C. Conhecimento fonológico em crianças com desenvolvimento típico. *Revista de Estudos da Linguagem*, v. 25, 2017. pp. 184-86.

Mendes nery. S. do C. *Aquisição fonológica em crianças com deficiência auditiva usuárias de implante coclear*. Rio de Janeiro, 2018. Tese (Doutorado em Linguística) – Faculdade de Letras, Universidade Federal do Rio de Janeiro.

Mendonça, L. I. Z. Contribuições da Neurologia no Estudo da Linguagem. In: Ortiz, K. Z. (org.) *Distúrbios neurológicos adquiridos*: linguagem e cognição. Barueri: Manole, 2010, pp. 1-33.

Menn, L. Phonotactic Rules in Beginning Speech: A Study in the Development of English Discourse. *Lingua*, v. 26, 1971, pp. 225-51.

_____. Development of Articulatory, Phonetic, and Phonological Capabilities. In: BUTTERWORTH, B. (org.) *Language Production*, v. 2, London: Academic Press, 1983, pp. 1-49.

MIRANDA, I. C. *Aquisição e variação estruturada de encontros consonantais tautossilábicos*. Belo Horizonte, 2007. Tese (Doutorado em Estudos Linguísticos) – Faculdade de Letras, Universidade Federal de Minas Gerais.

MORTON, J.; FRITH, U. Structural Approaches to Developmental Psychopathology. In: CICCHETTI; D.; COHEN, D. J. (orgs.). *Developmental psychopathology*. New York: Wiley, 1995, pp. 357-90.

MOTA, H. B. *Terapia fonoaudiológica para os desvios fonológicos*. Rio de Janeiro: Revinter, 2001.

MOUSINHO, R.; SCHMID, E.; PEREIRA, J.; LYRA, L.; MENDES, L.; NÓBREGA, V. Aquisição e desenvolvimento da linguagem: dificuldades que podem surgir no percurso. *Revista de Psicopedagogia*, v. 25, n. 78, 2008, pp. 297-306.

MTL-BRASIL - Bateria Montreal-Toulouse de avaliação da linguagem. São Paulo: Vetor, 2016.

MUNSON, B.; BAYLIS, A. L.; KRAUSE, M. O.; YIM, D. Representation and Access in Phonological Impairment. *Papers in Laboratory Phonology*, v. 10, 2010, pp. 381-404.

MUNSON, B.; EDWARDS, J.; BECKMAN, M. E. Phonological Knowledge in Typical and Atypical Speech-Sound Development. *Topics of Language Disorders*, v. 25, n. 3, 2005a, pp. 190-206.

_____. Relationships Between Nonword Repetition Accuracy and other Measures of Linguistic Development in Children with Phonological Disorders. *Journal of Speech, Language, and Hearing Research*, v. 48, 2005b, pp. 61-78.

MUNSON, B., KURTZ, B. A., WINDSOR, J. The Influence of Vocabulary Size, Phonotatic Probability, and Wordlikeness on Nonword Repetitions of Children With and Without Specific Language Impairment. *Journal of Speech, and Hearing Research*, v. 48, 2005, pp. 1033-47.

NEWELL, A. *Unified theories of cognition*. Cambridge, ma: mit Press, 1990.

NGUYEN, N.; Delvaux, V. Role of imitation in the emergence of phonological systems. *Journal of Phonetics*, v. 53, 2016, pp.46-54.

NOSOFSKY, R. M. Attention, Similarity, and the Identification-categorization Relationship. *Journal of Experimental Psychology*: General, v. 115, 1986, pp. 39-57.

OLIVEIRA, N. *Variação em encontros consonantais tautossilábicos no português brasileiro*. Belo Horizonte, 2017. Dissertação (Mestrado) – Faculdade de Letras, Universidade Federal de Minas Gerais.

OLLER, D. K.; EILERS, R. E. The Role of Audition in Infant Babbling. *Child Development*, v. 59, 1988, pp. 441-9.

ORTIZ, K. Z. Avaliação das Afasias. *Disturbios Neurológicos Adquiridos*: Linguagem e Cognição. São Paulo: Manole, 2010.

PAMIES, M. P.; PEÑA-CASANOVA, J.; PULIDO, J.H. Reabilitação da anomia. In: PEÑA-CASANOVA, J.; PAMIES, M. P. (orgs.). *Reabilitação da afasia e transtornos associados*. Barueri: Manole, 2005, pp. 206-17.

PEÑA, M., MAKI, A.; KOVACIC, D.; DEHAENE-LAMBERTZ, G.; KOIZUMI, H.; BOUQUET, F.; MEHLER, J. Sounds and Silence: An Optical Topography Study of Language Recognition at Birth. *Proceedings of the National Academy of Science*, v. 100, 2003, pp. 11702-5.

PEÑA-CASANOVA, J; PAMIES, M. P. *Rehabilitación de la afasia y transtornos associados*. Barcelona: Masson, 1995.

PHILLIPS, B. S. Word Frequency and the Actuation of Sound Change. *Language,* v. 60, 1984, pp. 320-42.

_____. *Word Frequency and Lexical Diffusion*. New York: Palgrave MacMillan, 2006.

PIERREHUMBERT, J. B. Knowledge of Variation, *Papers from the Parasession on Variation, 30th meeting of the Chicago Linguistic Society*, Chicago Linguistic Society, Chicago, v. 2, 1994, pp. 232-56.

_____. The Phonetic Grounding of Phonology. *Bulletin de la Communication Parleé* v. 55, 2000, pp. 7-23.

_____. Exemplar Dynamics: Word Frequency, Lenition and Contrast. In: BYBEE, J.; HOPPER, P. (ed.). *Frequency and the Emergence of Linguistic Structure*. Amsterdam: John Benjamins, 2001a.

_____. Stochastic Phonology. *GLOT International*, Oxford, v. 5, n. 6, 2001b, pp. 195-297.

_____. Word Specific Phonetics. In: GUSSENHOVEN, C.; WARNER, N. (orgs.). *Laboratory Phonology 7*. The Hague: Mouton de Gruyter, 2002, pp. 101-39.

_____. Probabilistic Phonology: Discrimination and Robustness. In: BOD, R.; HAY, J.; JANNEDY, S. (orgs.). *Probability Theory in Linguistics*. Cambridge: The MIT Press, 2003, pp. 177-228.

_____. The Next Toolkit. *Journal of Phonetics*, v. 34, n.6, 2006, pp. 516-30.

Bibliografia

_____. The Dynamic Lexicon. In: Cohn, A.; Huffman, M.; Fougeron, C. (orgs.). *Handbook of Laboratory Phonology*. Oxford: Oxford University Press, 2012, pp. 173-83.

_____. Phonological Representation: Beyond Abstract versus Episodic. *Annual Review of Linguistics*, v. 2, 2016, pp. 33-52.

_____; Beckman, M.; Ladd, D. R. Conceptual Foundations of Phonology as a Laboratory Science, In: Burton-Roberts, N.; Carr, P.; Docherty, G. (orgs.). *Phonological Knowledge*. Oxford: Oxford University Press, 2000, pp. 273-303.

Pike, K. *Phonemics*: a Technic for Reducing Language to Writing. Chicago: University of Michigan Press, 1947.

Pontes, E. *Estrutura do verbo no português coloquial*. Petrópolis: Vozes, 1973.

Port, R. F.; Leary, A. P. Against formal phonology. *Language*, v. 81, n. 4, 2005, pp. 927-64.

projeto aspa – Avaliação Sonora do Português Atual. www.projetoaspa.com.br

Ramus, F., Hauser, M. D., Miller, C. T., Morris, D.; Mehler, J. Language Discrimination by Human Newborns and Cotton Top Tamarin Monkeys. *Science,* v. 288, 2000, pp. 349-51.

Rispens, J. *Syntactic and Phonological Processing in Developmental Dyslexia*. Gröningen, 2004. Dissertation (PhD), Behavioral and Cognitive Neurosciences Institute, University of Gröningen.

Rocha, M. Uma questão a ser problematizada: a especificidade da linguagem na clínica fonoaudiológica. *Anais iii Forum de Linguagem: Clínicas da Linguagem*, 2007.

Saffran, J. R; Aslin, R. N.; Newport, E. L. Statistical Learning by 8-month-old infants. *Science*, v. 274, 1996, pp. 1926- 8.

Salles, J. F.; Parente, M. A. M. P.; Machado, S. S. As dislexias do desenvolvimento:aspectos neuropsicológicos e cognitivos. *Interações*, v. 9, n. 17, pp. 109-32.

Santos, M. T. M.; Navas, A. L. G. P. *Distúrbios de leitura e escrita*: teoria e prática. São Paulo: Manole, 2002.

Schochat, E. Avaliação eletrofisiológica da audição. In: Ferreira, L. P.; Befi-Lopes, D. M.; Limongi, S. C. O. (orgs.). *Tratado de Fonoaudiologia*. São Paulo: Rocca, 2004. pp. 656-68.

Scobbie, J. M.. The Phonetics Phonology Overlap. *qmu Speech Science Research Centre Working Papers*, WP-13, 2005.

Segui, J. et al. The Word Frequency and Lexcal Access. *Neuropsychologia*, v. 20, n. 6, 1982, pp. 615-27.

Senna, F. D. *Acesso e representação lexical na produção de afásicos sob a ótica da Fonologia de Uso*. Rio de Janeiro, 2013. Tese (Doutorado em Linguística) – Faculdade de Letras, Universidade Federal do Rio de Janeiro.

_____; Gomes, C. A. Acesso lexical na Afasia. *Letrônica*, v. 10, n. 2, 2017, p. 672-88.

Shaywits, S. *Entendendo a dislexia:* um novo e completo programa para todos os níveis de problemas de leitura. Porto Alegre: Artmed, 2006.

Siegel, L.S. Phonological Processing Deficits as the Basis of Reading Disability. *Developmental Review*, v. 13, 1993, pp. 246-57.

Silman, S.; Silverman, C.A. *Auditory Diagnosis – principle and aplication*. London: Singular Publishing Group, 1997, pp. 249-92.

Silva, M. B da. *Aquisição fonológica em crianças falantes tardios*: um estudo de caso. Rio de Janeiro, 2014. Dissertação (Mestrado em Linguística) – Faculdade de Letras, Universidade Federal do Rio de Janeiro.

Snodgrass, Joan G.; Vanderwart, M. A Standardized Set of 260 Pictures: Norms for Name Agreement, Image Agreement, Familiarity and Visual Complexity. *Journal of Experimental Psychology: Human Learning and Memory*, v. 6, n 2, 1980, pp. 174-215.

Snowling, M. J. Phonemic Deficits in Developmental Dyslexia. *Psychological Research*, v. 43, n. 2, 1981, pp. 219-34.

Stager, C. L.; Werker, J. F. Infants Listen for More Phonetic Detail in Speech Perception than in Word-learning Tasks. *Nature,* v. 388, 1997, pp. 381-2.

Stanovich, K.E.; Siegel, L. S. Phenotypic Performance Profile of Children with Reading Disabilities: A Regression-based Test of the Phonological-core Variable-difference Model. *Journal of Educational Psychology*, v. 86, n. 1, 1994, pp. 24-53.

_____; _____.; Gottardo, A. Progress in the Search for Dyslexics Subtypes. In: Hulme, C.; Snowling, M. (orgs.). *Dyslexia*: Biology, Cognition and Intervention. London: Whurr Publishers Ltd, 1997, pp. 108-30.

STOEL-GAMMON, C. Sounds and Words in Early Language Acquisition: The Relationship Between Lexical and Phonological Development. In: PAUL, R. (org.). *Exploring the Speech Language Connection*. Baltimore: Paul H. Brookes Publishing Co., 1998, pp. 25-52.

_____. Relationships between Lexical and Phonological Development in Young Children. *Journal of Child Language*, v. 38, 2011, pp. 1-34.

STORKEL, H.L.; MORRISETTE, M. L. The Lexicon and Phonology: Interactions in Language Acquisition. *Language, Speech, and Hearing Services in Schools*, v. 33, 2002, pp. 24-37.

STRYCHARCZUK, P.; SCOBBIE, J. M. Gestural Delay and Gestural Reduction. Articulatory Variation in /l/-vocalisation in Southern British English. In: PRZEWOZNY, A., VIOLLAIN, C.; NAVARRO, S. (orgs.). *Advances in the Study of Contemporary Spoken English*: Multifocal Analyses of Variation. Edinburgh: Edinburgh University Press, 2019 (Accepted/In Press).

STYLER, W. *Using Praat for Linguistic Research*. University of Colorado at Boulder Phonetics Lab. 2013. Disponível em: <http://savethevowels.org/praat/UsingPraatforLinguisticResearchLatest.pdf>. Acesso em 11 dez. 2013.

TALLAL, P.; ALLARD, L.; MILLER, S.; CURTISS, S. Academic outcomes of language impaired children. In: C. HULME; M. J. SNOWLING (orgs.), *Dyslexia: Biology, cognition, and intervention*. London:Whurr, 1997, pp. 167-81.

TEHAN, G.; HENDRY, L.; KOCINSKI, D. Word Length and Phonological Similarity Effects in Simple, Complex, and Delayed Serial Recall Tasks: Implications for Working Memory. *Memory*, v. 9, 2012, pp. 333-48.

THE ORTON DYSLEXIA SOCIETY RESEARCH COMMITTEE. www.interdys.org

THELEN, E.; SMITH, L. B. *A Dynamical Systems Approach to the Development of Perception and Action*. Cambridge, MA: MIT Press, 1994.

TODD, S; PIERREHUMBERT, J. B.; HAY, J. Word Frequency Effects in Sound Change as a Consequence of Perceptual Asymmetries: An Exemplar-based Model. *Cognition*, v. 185, 2019, pp. 1-20.

TOMASELLO, M. Do Apes Ape? In: HEYES, C. M.; GALEF, B. G. (orgs.). *Social Learning in Animals:* The Roots of Culture. San Diego, CA: Academic Press, 1996, pp. 319-46.

_____. Emulation Learning and Cultural Learning. *Behavioral and Brain Sciences*, v. 21, n.5, 1999, pp. 703-4.

_____. Do Young Children have Adult Syntactic Competence? *Cognition*, v. 74, 2000a, pp. 209-53.

_____. *Constructing a Language*: A Usage-Based Theory of Language Acquisition. Harvard: Harvard University Press, 2000b.

_____. First Steps in a Usage Based Theory of Language Acquisition. *Cognitive Linguistics*, v. 11, 2000c, pp. 61-82.

_____. *Constructing a Language*: A Usage-Based Theory of Language Acquisition. Harvard: Harvard University Press, 2003.

_____; CARPENTER, M.; CALL, J.; BEHNE, T.; MOLL, H. Understanding and Sharing Intentions: The origins of Cultural Cognition. *Behavioral and Brain Sciences*, v. 28, 2005, pp. 675-91.

TOMAZ, K. S. *Alternância de vogais médias posteriores em formas nominais de plural no português de Belo Horizonte*. Belo Horizonte, 2006. Dissertação (Mestrado em Estudos Linguísticos) – Faculdade de Letras, Universidade Federal de Minas Gerais.

TSUSHIMA, T.; TAKIZAWA, O.; SASAKI, M.; SHIRAKI, S.; NISHI, K.; KOHNO, M. Discrimination of English /r-l/ and /w-y/ by Japanese Infants at 6–12 months: Language-specific Developmental Changes in Speech Perception Abilities. *The Emergence of Human Cognition and Language*, v. 3, 1994, pp. 57-61.

VENNEMAN, T. Phonetic Analogy and Conceptual Analogy. In: VENNEMAN, T; WILBUR, T. H. *Schuchhardt, the Neogrammarians, and the Transformational Theory of Phonological Change*: Four Essays by Hugo Schuchhardt. Frankfurt am Main: Athenäum, 1972, pp. 115-79.

VIHMAN, M. M. *Phonological Development*: The Origins of Language in the Child. Cambridge: Blackwell publishers, 1996.

_____. Word Learning and the Origins of Phonological System. In: FOSTER-COHEN, S. (org.). *Advances in Language Acquisition*. Luton: Macmillan, 2009, pp. 163-82.

_____. Phonological Templates in Early Words: A Cross-linguistic Study. In: FOUGERON, C.; KÜHNERT, B.; D'IMPERIO, M.; VALLÉE, N. (orgs.). *Laboratory Phonology 10*, Mouton de Gruyter: New York, 2010, pp. 261-84.

_____. *Phonological Development*: The First Two Years. 2. ed. Malden, MA: Wiley-Blackwell, 2014.

_____; Croft, W. Phonological Development: Toward a Radical Templantic Phonology. *Linguistics*, v. 45, n. 4, 2007, pp. 683-725.

_____; DePaolis, R. A; Keren-Portnoy, T.. A Dynamic Systems Approach to Babbling and Words. *The Cambridge Handbook of Child Language*. Cambridge, Cambridge University Press, 2009a, pp. 163-82.

_____; Keren-Portnoy, T.; DePaolis, R. A.; Khattab, G. Phonological Development: Typical children vs. Late Talkers. *Proceedings of the 33rd Annual Boston University Conference on Language Development*, v. 2, 2009b, pp. 587-798.

_____; _____; Whitaker, C.; Bigwood, A.; McGillion, M. Late Talking Toddlers: Relating Early Phonological Development to Later Language Advance. *York Papers in Linguistics*, v. 2, 2013, pp. 47-69.

_____; Kunnari, S. The Sources of Phonological Knowledge: A Cross-linguistic Perspective. *Recherches Linguistiques de Vincennes*, v. 35, 2006, pp. 133-64.

_____; Macken, M. A.; Simmons, R. M. H.; Miller, J. From babbling to Speech: A Re-Assessment of the Continuity Issue. *Language*, v. 61, n. 2, 1985, pp. 397-445.

Vouloumanos, A.; Werker, J. F. Listening to Language at Birth: Evidence for a Bias for Speech in Neonates. *Developmental Science*, v. 10, 2007, pp. 159-64.

Waterson, N. Child Phonology: A Prosodic View. *Journal of Linguistics*, vol. 7, 1971, pp. 179–211. Disponível em < https://www.jstor.org/>. Acesso em 12 dez. 2014.

Werker, J. T; Tess, R. Cross-Language Speech Perception: Evidence for Perceptual Reorganization in During the First Year of Life. *Infant Behavior and Development*, v. 7, 1984, pp. 49-63.

Wertzner, H. F. Fonologia: Desenvolvimento e Alterações. In: Ferreira, L. P.; Befi-Lopes, D. M.; Limongi, S.C.O. *Tratado de Fonoaudiologia*. São Paulo: Rocca, 2004, pp. 772-786.

Wolf, M.; Bowers, P. G. The Double-Deficit Hypothesis for the Developmental Dyslexia. *Journal of Educational Psychology*, v. 91, n. 3, 1999, pp. 415-38.

Yavas, M.; Hernandorena, C.; Lamprecht, R. *Avaliação fonológica da criança*. Porto Alegre: Artes Médicas, 1991.

Zorzi, J. L. Aspectos Básicos para Compreensão, Diagnóstico e Prevenção dos Distúrbios de Linguagem na Infância. *Revista Cefac: Atualização Científica em Fonoaudiologia*, v. 2, n. 1, 2000, pp. 11-5.

_____. *A intervenção fonoaudiológica das alterações da linguagem infantil*. 2. ed. Rio de Janeiro: Revinter, 2008.

Os Autores

Christina Abreu Gomes é professora titular do Departamento de Linguística e Filologia da Universidade Federal do Rio de Janeiro (UFRJ). Possui doutorado em Linguística pela UFRJ e pós-doutorado na University of York. É bolsista de produtividade do CNPq. Orienta alunos de mestrado e doutorado do Programa de Pós-Graduação em Linguística da UFRJ. Sua atuação profissional tem focalizado temas desenvolvidos na Sociolinguística relativos à variação e mudança linguística, à aquisição e à percepção da variação socialmente indexada.

Clara Esteves possui graduação em Fonoaudiologia pela Universidade Federal do Rio de Janeiro (UFRJ), especialização em Ativação de Mudanças na Saúde pela ENSP/Fiocruz, mestrado e doutorado em Linguística pelo Programa de Pós-Graduação em Linguística da UFRJ. Tem experiência clínica e acadêmica na área de Fonoaudiologia, com ênfase em linguagem oral e escrita, linguística, saúde da pessoa com deficiência, saúde mental e saúde coletiva. Tem experiência como docente de cursos de graduação e pós-graduação, em universidades públicas e privadas. Atualmente, é fonoaudióloga da Força Aérea Brasileira.

Fernanda Duarte Senna é fonoaudióloga, com graduação em Fonoaudiologia pela Universidade Federal do Rio de Janeiro (UFRJ), mestrado e doutorado em Linguística pelo Programa de Pós-Graduação em Linguística da UFRJ, tendo realizado estágio de doutorado sanduíche na Universidad de Oviedo, Espanha. Especialista em Linguagem e Fonoaudiologia Neurofuncional pelo Conselho Federal de Fonoaudiologia (CFFa.), tem experiência clínica com ênfase na área de reabilitação neurológica de pacientes afásicos.

Liliane Pereira Barbosa possui doutorado em Estudos Linguísticos pela Universidade Federal de Minas Gerais (UFMG). Atualmente, é professora (graduação e pós-graduação) do Departamento de Comunicação e Letras da Universidade Estadual de Montes Claros (Unimontes) e atua nos cursos de Letras/Português, Letras/Inglês e Letras/Espanhol. Tem experiência na área de Linguística, com ênfase em Teoria e Análise Linguística, atuando principalmente nos seguintes temas: língua portuguesa, Linguística, variação linguística, linguagem e ensino fundamental e médio.

Manuella Carnaval é doutoranda do Programa de Pós-Graduação em Letras Vernáculas da Universidade Federal do Rio de Janeiro, com bolsa pela Capes, e estágio com bolsa-sanduíche na Universidade de Tilburg, na Holanda. Possui graduação em Letras Português/Literaturas e mestrado em Língua Portuguesa pela Universidade Federal do Rio de Janeiro (UFRJ). Tem experiência na área de Linguística, com ênfase em Fonética Acústica, especificamente em Prosódia do Português do Brasil. Atuou também como professora substituta do setor de Língua Portuguesa do Departamento de Letras Vernáculas da UFRJ.

Marcela Branco Silva é doutoranda do Programa de Pós-Graduação em Linguística da Universidade Federal do Rio de Janeiro (UFRJ). Possui graduação em Fonoaudiologia e mestrado em Linguística pela UFRJ. Tem experiência na área da Fonoaudiologia com ênfase em atendimento clínico relacionado a crianças com atraso de linguagem, transtornos do espectro autista e distúrbio fonológico.

Marcelo Melo é professor adjunto do Departamento de Linguística e Filologia da Universidade Federal do Rio de Janeiro (UFRJ). Possui graduação em Direito e em Letras-Português/Inglês, mestrado e doutorado em Linguística pela UFRJ. Tem experiência na área de Linguística, com ênfase em Sociolinguística, atuando principalmente na pesquisa dos seguintes temas: variação e mudança linguística, percepção da variação socialmente indexada e aquisição da escrita, em especial por grupos de indivíduos de periferia e com pouco acesso às instituições sociais.

Suzana Mendes Nery é fonoaudióloga do quadro permanente da Maternidade Escola da Universidade Federal do Rio de Janeiro (UFRJ). Possui graduação em Fonoaudiologia pela UFRJ, especialização em Audiologia Clínica e Ocupacional pelo Cefac – Pós-Graduação em Saúde e Educação, mestrado e doutorado em Linguística pela UFRJ. Tem experiência na área de Fonoaudiologia, com ênfase em audiologia infantil, triagem auditiva neonatal e diagnóstico das alterações funcionais orais do recém-nascido.

Thaïs Cristófaro Silva é professora do Programa de Pós-graduação em Estudos Linguísticos da Faculdade de Letras da Universidade Federal de Minas Gerais (UFMG). Possui pós-doutorado em Linguística pela University College of London, pela University of Newcastle e pela Pontifícia Universidade Católica de Minas Gerais. É bolsista de produtividade em pesquisa do CNPq. Sua atuação profissional tem caráter multidisciplinar, tendo se dedicado à pesquisa vinculada à Linguística Teórica e Aplicada, com ênfase em fonologia, fonoaudiologia e tecnologia de fala.

GRÁFICA PAYM
Tel. [11] 4392-3344
paym@graficapaym.com.br